대구의 세 기생 '앵무 염농산', '복명 김울산',
그리고 '춘미 박녹주' 이야기

달꽃

2015년 3월 1일 초판 발행
지은이 | 김중순 · 이수민
펴낸이 | 최도욱
펴낸곳 | 소통
주소 | 서울 영등포구 신길동 가마산로 61 나길 13
전화 | 070-8843-1172
팩스 | 0505-828-1177
이메일 | sotongpub@gmail.com, chio7417@hanmail.net
블로그 | http://blog.daum.net/dwchoi
ISBN 978-89-93454-95-6 04810
SET ISBN 978-89-93454-94-9 04810
값 12,000원

잘못 만들어진 책은 구입하신 서점에서 교환해 드립니다.

「이 도서의 국립중앙도서관 출판시도서목록(CIP)은 e-CIP홈페이지(http://www.nl.go.kr/ecip)와 국가자료공동목록시스템(http://www.nl.go.kr/kolisnet)에서 이용하실 수 있습니다.
(CIP제어번호: CIP2015005883)」

저자 김중순

계명대학교 한국문화정보학과 교수이다. 비교종교학이라는 자신의 전공분야 외에 대구의 지역문화 개발에 앞장서서 많은 인물 이야기들을 스토리텔링으로 내놓고 있다. 〈시대를 연 영남의 인물 시리즈〉전 10권을 발간했으며, 〈아, 대구! 브루엔 선교사의 한국생활 40년〉〈100년 은혜, 세상과 나누리!〉를 전 5권으로 번역 출간했다.

저자 이수민

계명대학교 한국문화정보학과 외래교수이며 (사)대구경북학연구원 부원장이다. 한국의 차문화에 대한 연구에서 시작하여 한국문화 전반으로 연구 범위를 넓혀가고 있다. 계명문화대학교 겸임교수로도 재직 중이며 한국문화 및 예절에 관한 강의를 해오고 있다.

그림 변지현

계명대학교 미술학부를 졸업했다. 대구미술대전 우수상, 삼성현미술대전 특선, 한유미술공모전 장려상, 나혜석미술대전 특선, 그리고 2014년에는 고금미술작가로 선정되어 대백플라자갤러리에서 전시회를 개최했다. 표지를 비롯하여 이 책에 실린 작품 3개는 모두 작가가 지속적으로 내놓고 있는 '달꽃'시리즈 가운데서 선택된 것들이다.

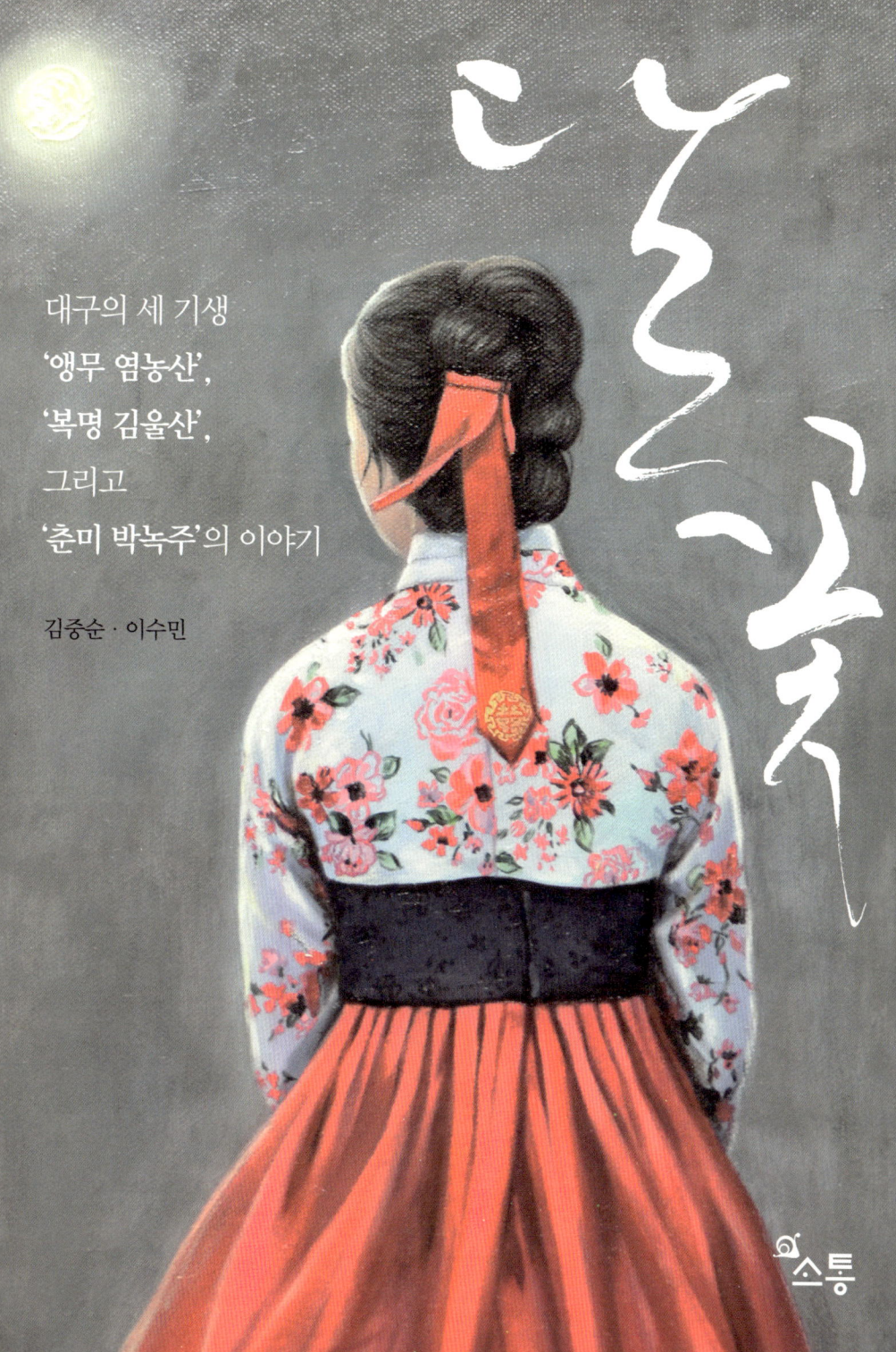

차 례_

일러두기	8
제1장. 스승의 굴레	15
제2장. 꽃향기 바람에 날리고	23
제3장. 말하는 꽃들 (解語花)	33
제4장. 애증	45
제5장. 나의 딸	53

제6장. 세상을 향한 몸짓   63

제7장. 예(藝)와 지(智)   73

제8장. 허공을 향한 소리   81

제9장. 그리고 도(道)   91

제10장. 달 꽃   101

 부록   111

일러두기

　이 이야기는 내가 몇 년 전에 발표한 두 편의 논문「근대화의 담지자(擔持者) 기생 I」,《한국학논집 43, 계명대학교 한국학연구원, 2011. 161-194》과「근대화의 담지자 기생 II」,《한국학논집 47, 계명대학교 한국학연구원, 2012. 327-367》을 바탕으로 삼은 것이다. 학술논문으로서는 기대 이상으로 많은 주목을 받은 것들이다. 같은 주제로 외부 강연이 너무 많아 감당하기 어려웠을 정도였다. 독자의 이해를 돕기 위해 이 I편의 논문을 부록으로 싣는다.

　사실 이 논문이 주목을 받게 된 것은 학술적인 이유보다 일종의 필요에 의한 것이었다고 할 수 있다. 마침 대구에서는 '근대골목' 프로젝트가 한창이었기 때문에 콘텐츠에 목말라 있을 때였다. 그리고 논문의 주제가 세계화라고 하는 시대적 요청에 대해 지방화로 응답을 했기 때문이기도 할 것이다. 소위 중심주의에 의해 모든 게 서울을 향했고, 때로는 박탈감마저 느끼게 되는 지방이 자신의 목소리를 낼 수 있다는 가능성을 보여 주고 싶었던 것이다. 그것은 경제나 산업이나 정치의 논리로서는 지방이 서울을 따라잡기 불가능한 지경에 이르렀기 때문에 더욱 주목을 받을 수밖에 없었다.

  우리, 지역민들에게 남은 무기는 오로지 이야기로 엮어낼 수 있는 자신의 역사 밖에 없다고 할 수 있다. 자기만의 특수한 역사가 어떻게 나름대로의 문화를 형성하여 보편성을 획득할 수 있는지가 관건일 것이다. 어떻게 가능한가? '대구'라고 하는 변방 지역을 이야기의 중심으로 삼는 일이다. 뿐만 아니라 우리 역사에서 언제나 주변인의 신세를 면치 못했던 여성과 천민을 이야기의 주인공으로 삼는 일이다. 사실 이렇게 시각만 조금 바꾸면 이야기꺼리는 무궁무진하다.

  여기에 등장하는 주인공 세 사람은 모두 실존 인물이다. 앵무 염농산(1859-1946), 복명 김울산(1858-1944), 그리고 춘미 박녹주(1906-1979)가 그들이다. 이들을 하나로 묶을 수 있었던 것은 '근대'라고 하는 시대이다. 근대가 그저 신문물이 도입된 시대일 수도 있지만, 조금 크게 보면 문명의 변동을 경험한 엄청난 시대이기도 하다. 그 근대의 보편적 주제가 대구라는 지역에서, 그리고 기생에게서 찾아질 수 있다고 하는 것은 오랫동안 사람들이 믿지 않았던 일이다.

관기제도가 없어지던 한말을 기준으로 기생들의 운명은 크게 바뀌었다. 특히 앵무와 복명은 동년배로서 구한말에 태어나 대구에서 일제시대를 통째로 경험한 사람들이다. 그런가하면 녹주는 앵무의 제자였으며, 앵무나 복명보다 한 세대 다음 인물이었다. 주로 서울에서 활동하기는 했지만, 대구출신임을 지워버리면 그녀가 갖는 예술의 특수성조차 설명하기 어렵다. 이들 기생들의 삶에서 과연 우리가 근대의 주제이기도 한 소위 예술과 지식, 개인, 해방, 혹은 실용성의 가치를 읽어낼 수 있을까? 물론 이것은 누가 혼자 대답할 수 있는 영역이 아니다. 그래서 이 글은 주인공들과 함께,

그리고 독자들과 함께 해답을 찾는 여정이라고 할 수 있다.

이를 위해 우리는 가상인물 운담(雲潭)을 주인공이자 화자로 삼아 세 사람의 기생을 한 데 묶으려고 시도를 해보았다. 쉽게 짐작하겠지만, 당시 대구의 팔능거사(八能居士)로 조선 땅에 널리 알려졌던 석재 서병오(石齋 徐丙五, 1862-1936) 선생이 모델이다. 물론 세 사람의 기생도 실존인물로서의 생애에만 초점을 맞춘 것은 아니다. 당대의 기생들이 가졌음직한 보편성을 발견해 내고자 하는 것도 또 다른 목적이었다. 여기서 전개되는 그들의 관계와 삶의 태도는 상당부분 상상력의 결과이다. 요즘 말하는 스토리텔링이다. 그것은 학술논문과 달리 '허구'를 허용하고, '재미'를 전제로 하는 메시지라고 할 수 있다. 그 재미와 허구가 허락되는 범위는 역사적 사실을 왜곡하지 않는 것이라고 할 수 있겠지만, 위험한 곡예가 아닐 수 없다.

스토리텔링이라고는 하지만 소설가가 아닐진대 함부로 매어달

릴 수 있는 일은 아니다. 모자라는 재주를 메꾸기 위해 석재 서병오와 죽농 서동균의 사제지간에 펼쳐지는 예술론을 주제로 한 소설 『금시조』의 이야기 구조를 뼈대로 삼았다. 군데군데 용어나 표현까지도 빌려 썼으니 이문열 선생님께는 큰 빚을 진 셈이다. 이렇게 자료를 모으고 글을 엮어낸 것은 대부분 이수민 박사의 솜씨이고 나는 그저 방향타 노릇을 했을 뿐이다. 아직 학부생이기는 하지만 매의 눈을 가진 김미경은 스토리텔링의 재미에 빠져 이 글을 완성하는 데 커다란 역할을 했다. 함께 참여한 김민지, 전수경, 김은영, 손미래, 이수정 학생들에게도 큰 경험이 되었기를 바란다.

　이야기의 제목을 '달 꽃'이라고 한 것은 변지현 화백이 그려 준 표지그림의 제목에서 따왔다. 전시회에서 만난 그녀의 그림이 한꺼번에 기생의 이미지와 오버 랩 되어 나에게 다가온 덕택이다. 멋진 작품을 출판에 사용할 수 있도록 허락해 준 데 감사를 표한다.

　대구시에서 주관하는 '대구문화인물발간사업'의 결과이니만큼,

이 이야기가 대구의 정신을 더욱 풍요롭게 하는데 조금이라도 보탬이 되면 좋겠다. 그것은 대구"만"을 이야기하자는 게 아니라 대구"도"이야기 하자는 것이다. 그러므로 중심이 서울에 고정된 것이 아님을 알아 누구라도 자신의 문화를 자신 있게 이야기하고 창조적으로 펼쳐 나갈 수 있으면 좋겠다.

2014년의 해를 넘기며

지은이를 대표하여 김 중 순

14　**달 꽃**_대구의 세 기생 '앵무 염농산', '복명 김울산', 그리고 '춘미 박녹주' 이야기

제1장

스승의 굴레

커다란 달덩이가 밤하늘을 가득 채웠다 했더니 어느새 한 송이 꽃으로 다가왔다. 방금 새벽 닭 우는 소리를 들은 것 같은데 아침이었다. 동쪽으로 난 장지문 가득 햇살이 비친 탓인지 문살이 그날따라 유난히 뚜렷했다. 이름 모를 달 꽃이 방 안의 공기를 휘저은 탓일까, 고개를 돌려 주위를 살피려는데 엷은 묵향이 콧속으로 스며들었다. 가끔씩 문안 오는 사람들을 핑계로, 살아온 세월의 분위기를 바꾸지 않으려고 매일 아침 머리맡에서 먹을 가는 녹주(綠珠)의 마음씨가 갸륵했다.

묵향으로 보아 녹주가 다녀간 것임에 틀림없었다. 조금 전에 그의 잠을 깨운 한 송이 달 꽃은 어쩌면 그 아이가 나가면서 연 장지문 사이로 새어든 햇살이었을 게다. 운담(雲潭)은 그렇게 생각하며 살며시 몸을 일으켜 보았다. 마비되다시피 한 반신 때문에 쉽지가 않다. 사람을 부를까 하다가 다시 마음을 돌리고 누웠다. 아침의 고요함과 평안, 그리고 이제는 고통도 아무것도 아닌 쓸쓸함을 그저 의례적인 문안이나 군더더기 같은 보살핌으로 깨뜨리고 싶지 않았다.

운담은 천장의 대들보를 멍하니 바라보며 생각했다. 세월이 얼마나 빨리 흘렀던가? 생각은 자연스레 젊었던 시절로 돌아갔다. 먼

친척 어른이 된다는 통정대부[1] 김철보(金哲甫)의 손에 이끌려 석파(石坡) 선생이라고 불리는 흥선대원군 이하응 대감의 운현궁을 찾던 날이었다.

이상도 하지, 까마득히 잊고 지냈던 지난날의 어떤 순간을 뜻밖에도 뚜렷하고 생생하게 되살리게 되는 것 또한 늙음의 징표일까. 근년에 들수록 운담은 그날의 석파선생을 뚜렷하게 기억할 수 있었다. 벌써 예순 언저리에 있었건만 선생의 모습은 이미 소문을 듣던 대로 여전히 꼿꼿하고 위풍당당하여 누구도 감히 범접할 수 없는 세도가의 풍모 그대로였다.

"석파, 내가 말하던 대구의 신동(神童)이라는 그 아이일세. 내 말 믿고 제자로 거두어 보게나. 요즘 같은 세상에 싹수가 보이는 아이들을 그냥 버려두기에는 너무 아깝지 않은가?"

그러나 아무런 표정 없이 듣고 있던 석파 선생은 한동안 말없이 그를 바라보더니 가벼운 한숨과 함께 대답했다.

"여긴들 뭐 대단한 게 뭐 있겠나? 자네도 알다시피 내가 요즘 나랏일에 쫓겨 붓이나 들고 있을 처지도 아니지 않는가. 먹이고 입히는 것이야 어떻게 해보겠네만, 제자를 기른다는 것이 어찌 그뿐이겠는가……"

---

[1] 조선 시대 문관인 정삼품 당상관(堂上官)의 품계이다.

"고마우이, 석파. 그것만이면 족하네. 배우는 일이야 지가 뜻이 있다면야 어떻게 한들 얻어가지 않겠는가?"

김철보 어르신과 동문(同門)이요, 오랜 지기였던 석파선생은 풍류와 권세로 이름이 높았고 웅혼한 필재와 유려한 문인화로 한말 3대가의 하나로 꼽히기도 했다. 일찍이 추사 김정희로부터 극찬을 받았던 석파였지만, 사실 그는 예술가라기보다 학자였고, 학자라기보다 정치가였다. 아니 실체를 알 수 없는 그 무엇을 끊임없이 추구하는, 어쩌면 그는 달리 규정할 수 없는 미완의 풍운아였다.

"너 글을 배웠느냐?"

어르신이 떠나고 석파선생이 그에게 처음으로 물은 말은 그러했다.

"「동몽선습」(童蒙先習)[2]을 떼었습니다."

"그렇다면 「소학」(小學)[3]을 읽어라. 그걸 읽지 않으면 몸 둘 바를 모르게 된다."

그러나 그뿐이었다. 그 뒤 그는 몇 안 되는 선생의 문하생들 사이에서 몇 년이고 거듭 소학을 읽었지만 선생은 좀처럼 아는 체를

---

2 천자문을 익히고 난 후의 학동들이 배우는 초급 교재로, 오륜(五倫)과 중국의 삼황오제(三皇五帝)에서부터 명나라까지의 역사와 한국의 단군에서부터 조선왕조까지의 역사를 약술하였다.

3 우리 나라에서 「소학」이 중시된 것은 조선 초기부터이다. 어릴 때부터 유교 윤리관을 체득하게 하기 위하여 아동의 수신서로서 장려되어, 모든 유학 교육기관에서는 이를 필수 교과목으로 다루었다. 일반적으로 「소학」을 읽은 다음에 다른 공부를 하도록 권장되었다.

하지 않았다.

　돌아가신 스승을 떠올리게 되자 운담의 눈길은 습관적으로 안방 모서리에 걸린 석파선생의 글씨에 머물렀다. 모든 것이 어지러운 때에 쓴 것인데다 오랫동안 표구를 하지 않은 채 보관해 온 터라, 종이는 바래고 낙관의 붉은 흔적도 날아가 희미한 누른색을 띠고 있었지만 스승의 필력만은 여전히 살아 꿈틀거리고 있었다.

　'此士'(차사)

　달랑 두 글자뿐이지만 현판을 방불케 할 만큼 크게 써진 이 글은 '이 선비'로 직역될 터이지만, '선비다운 선비', '참된 선비'라는 의미로도 해석할 수 있을 것이다. 큰 글자이기는 하지만 석파 특유의 '삐침'기법이 잘 표현되어 있었다. 이 글씨를 쓸 즈음 석파는 민씨 일가[4]와 치열한 권력암투를 벌이고 있었다. 그는 위안스카이[5]와 결탁해 1887년 큰아들 재황을 왕으로 옹립하려다 실패하면서 유폐생활을 떠나게 되는 비극을 맞기도 했으니, 이때 정말 세상 모든 것을 툴툴 털어버리고 참선비가 되고 싶다는 생각을 했을지도 모른다.

　그가 일평생 싫어하면서도 두려워하고, 이르고자 하면서도 넘어서고자 했던 스승의 가르침이 거기에 들어 있었다. 더 이상 붓을

4　석파선생의 며느리이자 고종의 왕비인 민비(閔妃)의 집안을 일컫는다.
5　중국 청나라 말기 총리교섭통상대신으로 조선에 부임하여 국정을 간섭하고 일본과 러시아를 견제했다.

놀릴 수 없는 요즈음에 와서도 그 액자의 자획 사이에서 석파선생의 준엄한 눈길을 느낄 정도였다.

그 어떤 예감에서였는지 석파선생은 처음 그를 떠맡을 때는 차가운 경계로 대했다. 남들이 한두 해면 읽고 지나갈 소학을 몇 년씩이나 거듭 읽도록 버려둔 것도 그렇고, 돌이켜보면 한 번도 직접적인 가르침을 내린 적이 없었다.

그런데 거기 못지않게 이해할 수 없는 것은 그런 석파선생에 대한 그 자신의 감정이었다. 스승의 생전 내내, 그는 스승에 대한 형언할 수 없는 사모와 그에 못지않은 격렬한 미움으로 뒤얽혀 보내었다. 가만히 돌이켜보면, 그런 그의 감정 역시 어떤 필연적인 이유가 있었던 것은 아니었지만, 그것이 뚜렷이 자리 잡기 시작한 시기만은 대강 짐작이 갔다. 그때부터 그의 가슴에는 석파선생을 향한 치열한 애증의 불꽃이 타오르고 있었다.

석파선생은 봄날 산허리를 스쳐가는 아지랑이 같은 분이었다. 또는 여름날 소나기가 씻어간 푸르름 같은 분이기도 했다. 그런가 하면, 가을계곡의 단풍처럼, 눈 속에 파묻힌 초가의 굴뚝연기처럼 유유하고 신선하고 맑은 분이었다. 석파선생의 삶은 그대로 경건한 삶의 한 사표(師表)로 보이기도 했다. 고요하면서도 권태롭고, 쓸쓸하면서도 적막한, 알듯 말듯한 미소에 젖어 조는 듯 서안(書

案) 앞에 앉아 있을 때도 그러했고, 당신의 영혼이 이제는 다만 지난 영광의 노을로서만 읽힐 때도 그러했다.

 더구나 신기(神氣)가 번득이는 눈길로 커다란 붓을 태풍처럼 휘몰아갈 때, 혹은 뒤꼍의 해당화 그늘 아래서 속세를 떠난 듯한 기품

운현궁은 구름재라는 뜻을 가진 대원군의 개인 집으로 서울특별시 종로구에 위치하고 있다. 원래는 궁궐에 견줄 만큼 크고 웅장하였으나 대원군이 즐겨 쓴 아재당(我在堂)은 없어지고, 현재는 사랑채인 노안당(老安堂), 안채인 노락당(老樂堂)과 별당채인 이로당(二老堂)만이 남아 있다. 고종과 명성황후의 가례가 노락당에서 치러진 후 이로당은 새로 안채로 쓰기 위해 지었다.

으로 난(蘭)을 뜨고 가야금을 어를 때는 말할 것도 없었다. 게다가 정쟁에 시달리며 주변 열강들의 협공에 마치 풍전등화와 같은 조정을 지탱하기 위해 발버둥 치던 석파의 비감한 모습은 또 어떠했던가? 그리고 결국에는 허리가 꺾이는 순간을 아파하고 좌절하던 모습마저도 그는 사모하지 않을 수 없었다.

운담은 어느새 자신도 모를 열정으로 석파선생을 흉내 내고 있었고, 스승의 고통을 즐기고 있었다. 그리고 글쓰기를 수련하며 그가 모범으로 삼은 것은 선생이 버린 서화의 파지였다. 혹은 친구들과 어울려 주고받다 흘린 문인화 같은 것들이었다. 처음 한동안 그가 썼던 글씨들은 나중에 이르러 회상할 때조차도 얼굴을 화끈거리게 하는 것들이었다.

묵향만이 바람에 날릴 때면 운현궁은 고요로 뒤 덮혔다. 달밤에 가야금 어르는 소리가 들릴 때도 운현궁은 더욱 적막했다. 가끔씩 사내들의 통쾌한 웃음소리가 들려오는가 하면, 때로는 비분강개의 고함소리가 들려와 살기가 느껴지기도 했다. 그런 가운데서도 운담이 숨을 쉴 수 있었던 것은 가끔씩 향이(香伊)의 그 순진하고 고운 미소를 만날 수 있었기 때문이었다.

제2장
꽃향기 바람에 날리고

박녹주 (1905~1979)

갑자기 방문을 여는 소리에 아련한 과거를 헤매던 운담의 의식이 현실로 돌아왔다. 잘 모아지지 않은 시선으로 문가를 보니 앵무가 들어서고 있었다. 그러자 이상하게 등줄기가 서늘해지며 눈앞이 밝아 왔다. 얼마나 원망스러웠으면 이리로 찾아왔을꼬……. 운담은 회한과도 흡사한 기분에 젖어 다가오는 앵무를 바라보았다. 그러나 아니었다.

"아버지, 일어나셨습니까?"

녹주였다. 모습은 에미를 빼닮았어도 목소리는 탁하여 천상 소리꾼의 그것이었다. 가만히 다가와 그의 안색을 살피는 그녀의 화장기 없는 얼굴에는 짙은 수심이 끼어 있었다. 그는 힘을 다해 몸을 일으켰다. 그런 기색을 알아차렸던지 녹주가 가만히 거들어 등받이에 기대 주었다. 몸을 일으키기가 어제보다 한결 불편해진 것이 그 자신에게도 저절로 느껴졌다.

"과일즙이라도 좀 내올까요?"

녹주가 물었다. 그는 대답 대신 그녀의 얼굴을 멀거니 살피다가 힘없고 갈라진 목소리로 불쑥 물었다.

"네 어미를 기억하느냐?"

그가 묻자, 녹주가 놀란 듯한 눈길로 그를 올려다보았다. 서울에서 내려와 아버지 곁에서 수년이나 시중을 들어 왔지만 한 번도 듣지 못한 물음이었기 때문인 것 같았다. 사실 그는 그보다 더 긴 세월을 앵무의 이름조차 입에 담지 않았었다.

"예……아주 희미하지만, 어찌 잊겠습니까?"

그럴 테지, 불쌍한 것. 핏덩이 같은 것을 친정에 떼어 두고 다시 기방[6]에 나갔다더니, 그 후론 소식도 없으니…….

"그런데 아버지, 그건 왜?……"

"나는 조금 전에 네 어미가 들어오는 줄로 알았다"

"……"

"원래가 요조숙녀나 현모양처 상(相)은 아니었지만, 그렇게 서두를 필요도 없었는데……"

그가 그렇게 말하며 새삼 비감에 젖는 것을 보자 잠시 묘하게 굳어졌던 녹주의 얼굴이 다시 풀어졌다.

"너는 판소리를 하며 예명이라도 가졌느냐?"

"아뇨. 아버지께서 내려주신 대로 녹주(綠珠)라고 할 뿐입니다."

녹주는 진즉에 알고 있었던 것이다. 그 이름이 애비로부터 내려진 것임을.

딸아이의 이름을 그 때 무심코 내린 것이 후회스러웠던지 운담은 혼잣말처럼 웅얼거렸다.

---

6 기생이 거처하며 손님을 상대하는 곳으로 기생집을 일컫는다.

"흠, 녹주가 서진시대 석숭의 첩이었던 줄 알고 있었느냐? 석숭이 사신으로 갔다가 진주를 주고 얻어왔을 만큼 아름다웠으며 피리를 잘 불었다지. 하지만 사마륜이 집권하고 석숭에게서 녹주를 빼앗으려 찾아왔을 때 누대에서 뛰어내려 자살을 했다니 절개 또한 곧은 여인이었지."

녹주는 아버지로부터 그런 말을 듣고 있기에는 민망했다.

"과일즙이라도 좀 내올까요?"

이번에도 그는 대답을 하지 않고 녹주의 얼굴을 물끄러미 쳐다봤다.

"눈썹이 고와 에미를 꼭 빼닮았구나……."

"시원한 과일즙이 준비되어 있습니다만……."

분위기를 바꾸려고나 하는 듯이 녹주가 다시 물었다. 그도 얼른 앵무의 생각을 떨치며 대답했다.

"작설(雀舌)[7] 달여 둔 것이 있으면 그거나 한 모금 내 오너라"

그러나 녹주는 잠깐 창을 열어 방 안 공기를 갈아 넣은 후 조용히 방을 나갔다.

그 어떤 열정이 나를 그토록 세차게 휘몰았던 것일까…… 녹주가 내온 식힌 작설을 마시면서 운담은 처음 앵무를 만나던 무렵

---

7 갓 돋아 나와 참새의 혀를 닮았다는 차나무의 새싹을 따서 만든 차

을 회상했다.

　운현궁을 나와 방랑의 생활을 하던 중 명성황후가 시해되었다는 비보가 들려왔다. 한치 앞이 보이지 않는 나라의 운명 앞에서, 백성들은 어찌할 바를 몰라 쩔쩔 매고 있었고 무능한 위정자들은 눈을 뜬 채 굴욕을 맛보고 있었다. 무식하고 무례했으며, 마치 굶주린 이리떼와도 같은 수천 명의 일본인 노무자들이 온 나라를 자기네 안방처럼 누비고 다니기 시작한 것도 그때부터였다. 철도를 놓고 역사(驛舍)를 짓는다는 게 명분이었다.

　그러나 아주 가끔은 유림이며 서원 같은 것이 명맥을 잇고 있었고, 시회(詩會) 같은 것들이 이따금씩 열리곤 했다. 천하의 세도가 석파 흥선 대원군 문하 출신이었기 때문인지, 시(詩) 서(書) 화(畵) 기(碁) 기(棋) 금(琴) 의(醫) 약(藥)에 두루 빼어났다 해서 팔능거사(八能居士)라 불린 덕택인지, 그의 방랑은 억눌리고 찌든 시대에 비하면 비교적 호사스러웠다. 시골구석에라도 그가 나타났다는 소문이 나면 사람들이 모여들었고, 서화를 그려주면 노잣돈이라도 내 놓을 줄 아는 대갓집들이 남아 있었다.

　운담이 대구로 돌아와 감영에 들르게 된 것도 그런 세월 중의 일이었다. 무슨 휘호회인가로 그곳에서 잔치와 같은 열흘을 보내고 붓을 닦으며 행랑을 꾸리려는데 난데없는 인력거 한 채가 그를 청했다. 전에도 없던 일은 아니었으나 얼떨결에 올라 탄 인력거는 당시 대구에서는 첫째가는 기생집 춘앵각으로 들어섰다. 커다란 방에 상다리가 휘도록 요리상을 벌여놓고 그를 기다리는 것은 뜻밖에도 대여섯의 일본사람과 경북관찰사 서리 겸 대구 군수인 박중양, 그리고 서화를 안다며 개화 유지임을 자처하는 관공서의 장들이었다.

운담은 방안으로 발을 들여다 놓자마자 얼굴을 찌푸렸다. 박중양, 어릴 때부터 두뇌가 명석했던 그는 관비유학생으로 일본 유학 후 대한제국의 관료가 된 사람이었다. 이등박문의 양자라는 오해를 받을 정도로 그를 존경하며 따르던 인물로 대구의 이름난 난봉꾼이자 친일파였다. 하지만 뭐 어떤가? 권력을 가졌고, 이렇게 사람을 알아보고 높일 줄도 알지 않는가? 운담은 애꿎은 술만 거푸 들이켰다.

술자리에 불려나온 교방(敎坊)[8]기생들의 권주가가 몇 차례 울리고 한창 술자리가 무르익어 갈 무렵, 그 자리를 마련한 듯 보이는 박중양이 기생들을 향해 빙글거리며 물었다.

"누가 오늘 저녁에 운담 선생님을 모시겠느냐?"

그러자 기생들 사이에서 간드러진 웃음이 한동안 일더니 그중의 하나가 쪼르르 다가와 그 앞에서 다홍치마를 걷었다. 드러난 것

---

8 관에 속한 일종의 기생 양성소

은 화선지 같은 흰 비단 속치마였다. 스물 두어 살이나 될까, 화려한 얼굴도 아니었고 요염한 교태도 없었지만 이상하게도 사람을 끄는 데가 있는 여자였다. 천천히 필낭을 끄르면서도 그는 한꺼번에 치솟는 술기운을 느꼈다.

"네 이름이 뭐냐?"

"앵무입니다."

그녀는 전혀 주위를 의식하지 않은 듯 당돌하게 대답했다. 오히려 당황한 쪽은 그였다.

"흠, 봄철에 지저귀는 휘파람새라더니……. 그래 네가 원하는 게 무엇이더냐?"

"난을 한 그루 쳐주세요."

그는 애써 태연한 척했지만 붓 든 손이 떨리는 것은 어쩔 수 없었다. 난은 청아한 향기와 부드러운 세련미, 고귀하고 우아한 아름다움을 모두 갖춘 식물이 아니던가? 그런데 멀기만 했던 스승에 대한 자괴감 때문인지 그녀의 속치마에 떠오른 것은 그 자신의 난이 아니라 석파선생의 난이었다. 등걸은 마르고 비틀어지고, 앙상한 가지에는 난초 두어 송이, 그것도 거의가 아직 피지 않은 봉오리였다. 곁들인 글씨도 석파선생의 것이었다.

'煙開蘭葉香風暖'(연개난엽향풍난)

얼핏 보아서는 안개 걷힌 난초 잎에 향기로운 바람 따뜻하다는 내용이지만, 난이 아무리 고귀하고 우아한 아름다움을 갖추었다 한들 기울어져 가는 나라의 운명 앞에서 그것이 한갓 기생의 속치마에 어떻게 어울리겠는가.

그 밤 앵무는 스스럼없이 그에게 몸을 맡겼다.

"이 추운 겨울밤에 제 속치마를 적시셨으니, 오늘밤은 선생님께서 제 한 몸을 거두어 주셔야겠습니다."

그리고 운담은 앵무와 함께 넉 달을 보내었다. 언젠가 흥겨움에 취해 넘은 봄꽃 화려한 영마루의 기억처럼 이제는·다만 즐거움과 달콤함의 추상만이 남아 있는 세월이었다. 그러다가 이윽고 그들의 날은 끝났다. 그가 자신도 모르는 열정에 휘몰려 떠도는 한낱 환쟁이에 불과하다면, 그녀도 또한 웃음을 파는 기생일 뿐이었다.

둘은 처음부터 결정된 일을 실천하듯 미움도 원망도 없이 헤어졌다. 앵무는 교방으로 돌아간다고 했지만, 이미 감영이 폐지되고 관기(官妓)제도도 사라진다는 소문이 파다할 때였다. 그 후, 영내에는 풍악소리마저 끊긴지 한참이나 되었어도 장안에 퍼진 앵무의 소문은 그치지 않았다.

제3장
말하는 꽃들 (解語花)

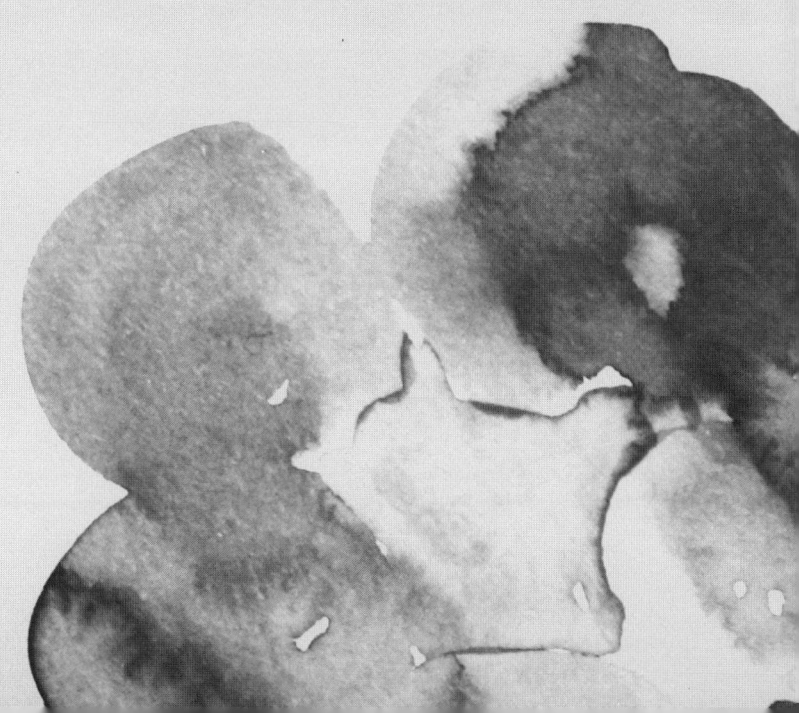

초대 대한제국 주재 이탈리아 영사인 Carlo Rosetti(1877~1902)가 찍은 조선의 기생들

앵무의 뛰어난 미모는 이미 조선 땅에 알려진 대로였고, 춤이면 춤, 소리면 소리, 게다가 가야금을 어르는 솜씨 또한 조선 땅에서 모르는 이가 없을 정도로 유명했다. 그 사이 앵무는 대구기생조합의 행수기생[9]이 되어 있었다. 더 이상 말귀를 알아듣는 신통한 꽃으로 머물지 아니하고 자신의 말을 하는 당당한 꽃으로 변해 있었던 것이다.

세상 돌아가는 일이 옛날 같지 않고, 교방의 역할 또한 침체일로에 이르고 관기제도마저 무너지게 되자 결국 앵무가 나서 기생조합을 조직하는 민첩함을 보였다. 감영의 교방에서 하루아침에 쫓겨나다시피 한 기생들은 앵무를 중심으로 모여 오히려 더 조직적으로 움직이며 활기를 되찾았다. 어느 덧 남정네들의 노리개가 되어 일방적으로 당하기만 하던 기생들의 권익을 대변하는가 하면, 불공정한 화대(花代)문제를 공개적으로 제기하기도 했다. 기생조합은 이익단체이기도 했지만 권익단체였던 셈이다.

어디 그뿐인가? 박중양이 앞장 서 감영의 객사(客舍)를 해체하고 대구읍성을 무너뜨릴 때는 조합원들을 이끌고 나와 시위를 벌여 세상을 놀라게 했다. 성곽 해체 때 나온 돌로 도원동 습지를 메워 유곽(遊廓)을 조성하겠다는 일제의 음흉한 계략에 이미 크게 상심

---

9 기생들의 우두머리

하여 대규모 시위를 벌인 적도 있었다. 그것은 관기제도를 폐지하고 예기(藝妓)마저 몸을 파는 창기(娼妓)로 만들려는 속이 뻔히 들여다보이는 목적이기 때문이었다.

그렇다고 하더라도 여전히 천민에 속했던 여인네들 무리가 한바탕 어울려 시장바닥에서 소란을 떠는 일은 사람들에게 그리 환영받을 만한 일은 못되었다. 대구의 유림들이 지키고자 하는 마지막 자존심과 품격이 기생들의 목소리로 말미암아 훼손될 것이라는 두려움이 있었던 것이다. 나라를 빼앗기고 국모마저 왜놈들에게 시해를 당하는 모욕을 입었어도 착하기만 한 백성들은 속으로만 울음을 삼킬 뿐이었다.

앵무를 먼발치에서나 조우하게 된 것은 운담이 금연상채회(禁烟償債會)[10] 평의원을 지내는 등 서상돈이 주도한 국채보상운동[11]에 참여했을 때였다. 국채보상운동 때 앵무는 아예 기생신분을 드러내놓고 금가락지와 금비녀 모으기 운동에 앞장섰다. 앵무가 아니었더라면 생각하기 어려운 일이었다. 1907년 2월 21일 대구 북후정에서 서상돈과 김광제가 주도한 국민대회에 나타나 모금운동에 불을 붙인 것이 바로 앵무였다는 사실을 알게 된 운담은 놀라지

---

10 국채를 갚기 위해 금연(禁烟)으로 모금을 전개하자는 취지의 모임.
11 1907년 2월 대구에서 발단된 주권수호운동. 서상돈 등의 제안으로 일본에서 도입한 차관 1300만원을 갚아 주권을 회복하고자 했다.

앉을 수 없었다. 처음 춘앵각에서 만났을 때부터 그 당돌함이 유별나다 싶더니 앵무는 어느새 군중들 앞에서 목소리를 높이고 있었던 것이다.

"금번 의금에 힘에 따라 내는 것이 국민의 의무이거늘 여자로서 감히 남자보다 한 푼이라도 더 낼 수가 없으니 누구든지 1천원을

대구의 국채보상기념공원에 세워진 김광제와 서상돈의 흉상.
유감스럽게도 앵무의 흔적은 남아있지 않다.

출연하면 나는 죽기를 무릅쓰고 따라할 것이외다!"

　그녀의 목소리는 그저 허공에 던진 말이 아니었다. 가장 먼저 100원을 기부하였고, 이는 삽시간에 부녀자와 하층 민중들까지 참여를 확산시킨 촉매제가 되었다. 앵무가 의연금을 낸 이후 그녀를 따르던 기생 14명도 적게는 50전에서 많게는 10원까지 집단적으로 모금에 참여했다. 실제로 대구의 국채보상사무총회소의 의연금 참여 인원은 134명 가운데 여성이 27명이었고, 패물 의연자가 12명이나 된 것은 앵무가 도화선에 불을 붙인 탓이었다. 대구단연상채회사무소를 통해 대한매일신보에 도착된 부인 의연자 수는 무려 227명으로 전국에서 두 번째로 많은 수였다.

　앵무가 이러한 일에 앞장서기까지 그녀는 이미 상당한 재력가였고, 사회적인 영향력 또한 적지 않았다. 여성 해방이라는 새로운 가치가 그녀로부터 시작된 기생들의 바깥나들이를 통해 표상화 되기 시작한 것이다. 단발머리와 양장, 그리고 하이힐처럼 일본을 통해 전달된 서구의 물질적 외양만이 눈길을 끌던 시대가 아니었던가? 그러나 이런 것들은 시대의 외장(外裝)이었을 뿐, 그녀의 관심사는 이전에는 감히 생각지도 못했을 여성의 사회참여였고, 의기(義妓)의 전유물로만 여겨졌던 민족의 해방과 자유였던 것이다. 이것은 돈만 있다고 할 수 있는 일이 아닌, 그녀의 선구적 의식이 바탕에 있었기에 가능한 것이었다.

앵무가 행방을 감춘 것은 대구기생조합이 달성권번으로 이름을 바꾼 무렵이었다. 장안의 한량들은 앵무의 행방을 알고 싶어 여기저기 수소문을 했지만 대답해 줄 만한 사람이 없었다. 행수의 자리를 친 자매보다 더 가깝게 지낸 울산에게 넘긴걸 보면 둘은 연결의 끈을 잇고 있음직 한데 울산은 그걸 밝힐 위인이 아니었다. 서울의 어느 고관 댁 후처로 들어갔다는 풍문이 있었지만 그 또한 믿을 만한 게 못되었다.

앵무가 없는 자리는 컸으나 아무 일도 없다는 듯이 권번은 여전히 분주했고, 울산의 지도력으로 또 다른 발걸음을 내딛기 시작했다. 권번에서는 일본 유학을 했다는 김명계(金明啓)라는 강사를 초청하여 기생들에게 일본어 교육을 시키기도 하고, 나라를 융성케 하려면 교육을 육성하고 군대를 조직해야 한다며 토요일마다 토론회를 갖기도 했다. 국권회복이 민족현실의 당면과제라며 서울까지 올라가 판소리명창 이화중선(李花中仙, 1898-1943)과 함께 우미관에서 5일간이나 '갈돕회'를 돕는 행사를 펼친 것도 이 때였다. 갈돕회는 '갈한(추수한) 것을 서로 돕는다'는 말에서 따온 용어로, 1919년 기미년 만세운동을 계기로 급격하게 늘어난 경성의 고학생 후원단체였다. 이익단체요 권익단체였던 조합에서 한 걸음 더 나아가 권번의 이름으로 교육과 봉사 사업에까지 나서게 한 것은

앵무 염농산(1859-1946)

복명 김울산(1858-1944)

과연 울산다운 일이었다.

실로 울산은 당시에 향선(香仙)을 비롯한, 남수(藍水) · 죽선(竹仙) · 화월(花月) 등 수많은 명기(名技)들을 배출해내기도 했다. 서향파를 비롯하여, 채옥(彩玉) · 쾌연(快蓮) · 춘옥(春玉) · 향란(香蘭) 등도 여기에 속한다. 이런 명기들의 탄생에는 대구기생조합의 예능교육이 매우 큰 역할을 했음직하다. 성악의 경우 전통 소리의 여러 갈래와 창가(唱歌) 같은 유행가를 가르쳤고, 기악의 경우 가야금 · 거문고 · 양금을 가르쳤으며, 춤의 경우 정재(呈才) 종목을 위시하여 여러 종류의 전통춤을 가르쳤다. 여러 가지 악가무(樂歌舞) 가운데서 가야금 병창과 정재는 대구 권번의 가장 중요한 과목 가운데 하나였다.

울산이 이처럼 여성의 권익이나 교육에 앞장설 수 있었던 것은 우연이 아니었다. 그녀의 생각은 당시로서는 상상하기도 어려울 만큼 저만치 먼 데에 가 있었던 것이다. 자신도 전통과 인습의 포로가 되고 귀부인의 탈을 쓴 산 인형이 될 수도 있었지만, 기생이 된 것은 자신이 결코 타락하여 웃음을 파는 신세가 된 것이 아니라 각오한 바가 있어서라고 했다. 여성의 적인 남성들을 포로로 만들려는 복수의 일념이었고, 그것은 개성을 전적으로 살리는 일로서 몸을 파는 것이 마음을 파는 신사보다 훨씬 사람답다는 도발적 주장이었다.

여성이 교육을 받을 수 있는 환경이 아니었던 시대에 기생의 지위는 특별했다. 역설적이지만, 문명의 변혁기에, 밀려오는 근대를 최전선에서 경험하고 이해할 수 있는 자리였다. 의식 있는 여성이 될 수 있는 토대였다고 해도 과언이 아니다. 그 당시 기생이 되기 위한 권번에는 아무나 갈 수 있는 곳이 아니었다. 요새로 치면 자기 힘으로 돈도 잘 벌고, 똑똑할 뿐더러, 게다가 인물까지 출중한 '엄친 딸'에게나 허락된 곳이었다.

울산이 교방의 신입으로 들어 온 것은 그때까지 향이(香伊)라고 불리던 앳된 소녀의 모습을 벗어버리고 이제 막 성숙한 처녀티가 날 때였다. 교방의 신입으로는 이미 늦은 나이였기에 향이의 느닷없는 등장은 동갑내기들의 눈총을 받기에 충분했다. 향이라는 아명(兒名) 대신 울산으로 이름을 바꾸고 이곳에 새로이 둥지를 튼 것은 원래 그녀의 아버지 김철보(金哲甫)가 울산 출신이기 때문이었다. 운담을 운현궁으로 데려가 석파의 문하에 들게 한 바로 그 어른.

늦은 신입이라고 해서 울산이 겪은 특별한 어려움은 없었다. 그녀가 가진 재주는 그 누구도 그녀를 함부로 할 수 없게 했다. 이미 석파선생의 문하에서 웬만한 서책은 다 읽었고 석파선생에게서 익힌 사군자 치는 솜씨 또한 웬만한 양반 선비들의 뺨을 칠 정도였던 것이다. 밝고 활달하여 언제나 좌중을 사로잡는 재주가 있는 앵무와 사대부 집안의 안주인이 가질만한 기품을 갖춘 울산은 처음부터 궁합이 맞았고, 이 두 사람은 가히 당시 대구감영의 교방이 자랑할 만한 꽃 중의 꽃들이었다.

운명이었을까? 향이는 운담을 기다리고 있기나 했던 것처럼, 둘은 어린 시절을 운현동에서 마치 오누이처럼 가깝게 지냈다. 향이는 김철보가 대구에서 이봉순이라는 첩에게서 얻은 아이로, 일찍 어미를 여의고 운현궁까지 보내진 것이다. 허드렛일이라도 돕게 할 셈이었지만, 철보의 생각과는 달리, 향이는 석파의 말동무가 되었다. 어깨너머로 익힌 이런저런 재주는 사내들의 그것을 능가했고, 하나를 가르치면 둘을 아는 그 영리함과 지혜로움이 석파를 사로잡았기 때문이었다.

제4장
애증

석파는 향이를 사랑채에 머물게 한 것처럼, 운담에게는 누구도 감히 범접 못할 공간인 자신의 거실에서 생활하도록 했다. 처음 입문할 때 그렇게도 찬바람 날릴 듯 쌀쌀맞게 대하던 것을 생각하면 의외였다. 운담의 치열한 수련과정을 지켜 본 결과였는지, 아니면 몰락해가는 권세에 대한 회한 때문이었는지, 석파는 운담을 더 이상 단순한 서예의 문하생으로 취급하지 아니하였다. 운담은 시, 글씨, 그림, 거문고, 바둑, 장기 등 풍류를 함께 즐길 수 있는 석파의 벗이기도 했다.

그렇다고 운담이 스승을 맞상대할 수 있는 것은 별로 없었다. 장기 대국만 해도 늘상 지기만 했다. 그러나 그리 쉽게 물러날 운담이 아니었다. 장안에 있는 장기 이론서인 박보(博譜)란 박보는 모조리 구해 챙긴 뒤 북한산 밑의 어느 암자에 틀어박혀 몇 달 동안 박보를 연구하며 장기 두는 법을 공부하고 돌아왔다. 그리고 기어코 장기판을 두고 마주 앉아 불꽃 튀는 열전 끝에 스승을 이겨내고 말았다. 운담의 일취월장을 알아본 석파는 애통해 하는 대신 미소를 지었다. 손자뻘이나 되는 나이 차이나 서얼이라는 출신에도 불구하고 둘은 의기와 취미가 서로 깊이 통했던 것이다.

석파의 묵란(墨蘭)은 고도의 기운을 함축하고 있었다. 난 잎을 그릴 때 세 번의 굴곡을 주는 삼전법(三轉法)이 특히 그러하다. 뿐만 아니라 끝마무리는 활달하고 예리하여 함부로 모방할 수도 없다. 사람들은 그의 묵란을 아예 '석파란(石坡蘭)'이라 부를 정도였으니 운담은 감히 석파의 그림자도 밟을 처지가 아니었다. 그러나 운담은 운현궁에 머물면서 석파로부터 추사의 맥을 이어받아 문인화의 기초를 다져갔다. 그리고 추사의 사상·학문·예술 모든 분야를 말년까지 떨구지 않고 흠모하며 공부하였다. 이러한 배움의 흐름이 거대한 만큼 거친 질곡 또한 많았다.

 동부승지 최익현의 탄핵을 받은 석파는 운현궁을 떠나 양주 직곡으로 은퇴의 길을 떠나게 되었다. 안동을 중심으로 한 영남 유생들의 대원군 봉환 만인소가 실패로 끝난 것도 석파의 세력을 점차 몰락의 길로 이끌었다. 청나라까지 납치되어 4년간이나 유폐되었다가 돌아왔지만, 상황은 나아지지 않았다. 운현궁에 칩거하며 재기를 노렸어도 기회는 석파를 다시는 찾아주지 않았다. 1895년에는 일본공사 미우라와 결탁하여 정권을 장악했으나, 그것도 잠시뿐이었다.

 이때 시작된 대원군 세력에 대한 숙청 작업에서 통정대부 김철보도 어느새 제거되고 말았다. 도망치듯 다시 대구로 내려 온 운담은 원래의 자기 집으로 돌아가면 되었지만, 첩의 딸에다 역적의 딸이라는 굴레마저 뒤집어쓰게 된 향이는 비참하게도 대구감영 교방

(敎坊)소속의 관기(官妓) 신세로 전락하고 말았다.

향이는 운담에게 그저 운현궁이라는 같은 공간에서 가까이 지냈던 지기 정도가 아니었다. 서얼이라 해도 언제나 양가집 규수의 자태였고, 웃을 때조차도 소리를 내지 않기 위해 손을 입가로 가져가는 정숙함이 배어있는 여인이었다. 그래서 기생의 처지가 된 그녀에게 안타까움과 애처로움이 있었으며, 무엇보다 잡힐 듯 잡히지 않는 애틋함이 있었다. 그것은 이제 다시는 향이의 이름을 부를 수도 없을 만큼 아득함이 되고 말았다. 그 아득함은 석파가 가졌던 삶의 세계에서 얻은 그녀의 지식(智識)이 감히 넘볼 수 없는 부러움의 대상이기도 했기 때문이었다. 그것은 운담이 석파선생을 극복하지 못한 한계의 실체이기도 했다.

애증(愛憎)! 그것은 석파선생과의 관계를 대변할 수 있는 가장 적당한 단어였다. 한편으로는 할아버지와 손자의 관계처럼 허물이 없었지만, 다른 한편으로는 그의 가슴속에 원망으로 남아 있을 만큼 가르침에 인색했던 사람이었다. 선생은 붓을 쥐기 전에 먼저 추사의 서결(書訣)[12]을 외우도록 했다.

글씨가 법도로 삼아야 할 것은 텅 비게 하여 움직여 가게 하는 것

---

12 서법의 비결이라는 뜻으로 필결(筆決)이라고도 한다

이다. 마치 하늘과 같으니, 하늘은 남북극이 있어서 그것으로 굴 대를 삼아 그 움직이지 않는 곳에 잡아매고, 그런 후에 그 하늘을 항상 움직이게 한다. 글씨가 법도로 삼는 것도 역시 이와 같을 뿐 이다. 이런 까닭으로 글씨는 붓에서 이루어지고, 붓은 손가락에서 움직여지며, 손가락은 손목에서 움직여지고, 손목은 팔뚝에서 움 직여지며, 팔뚝은 어깨에서 움직여진다. 그리고 어깨니 팔뚝이니 팔목이니 하는 것은 모두 그 오른쪽 몸뚱어리라는 것에서 움직여 진다…….

대개 이런 내용으로 시작되는 사백 자(字) 가까운 서결이었는 데, 운담은 그걸 한 자 빠뜨림 없이 외어야 했다. 석파가 스승으로 삼은 추사를 이처럼 모범으로 삼았다는 것은 너무나 당연한 일이 었다. 추사는 난 그림의 최고 경지인 삼전지묘(三轉之妙)를 득달한 대가였다. 삼전지묘란 난 잎이 세 번 휘어져 돌아가는 모습을 자연 스럽게 묘사하는 묵란 기법으로, 마음에 욕심이 없어야 도달할 수 있다는 경지다. 철종 2년, 추사 김정희가 헌종 묘천(廟遷) 문제에 휘말려 함경도 북청으로 귀양을 갔을 때였다. 제주도 유배에서 풀 려난 지 2년 반 만에 또 들이닥친 날벼락이었다. 당시 석파는 추사 를 스승으로 섬기며 난 그림에 푹 빠져 틈틈이 그린 난 화첩과 편지를 스승에게 보냈다. 추사로부터 '鴨東初有之才(압동초유지재)'라는 답신을 받은 것도 그때였다.

"허리 구부려 난 그림을 보니 이 늙은이라도 마땅히 손을 들어야 하겠거늘, 압록강 동쪽엔 이만한 작품이 없을 겁니다. 면전에서 아첨하는 꾸밈말이 아닙니다."

삼전지묘에 이른 석파의 난 그림에 '석파란'(石坡蘭)이란 별칭이 붙게 된 연유다.

무슨 운명이었을까? 석파마저도 추사와 마찬가지로 정변에 휘말리어 삶의 질곡이 순탄치 않았다. 그렇다고 해도 운담에 대한 가르침은 참으로 인색했다.

"숨을 멈추어라."

이미 삼천 번을 쓴 연후에도 해자가 여전히 뜻대로 어울리지 않아 탄식할 때였다.

"선자리에서 성불(成佛)할 수 없고, 또 맨손으로는 용을 잡을 수가 없다. 오직 많이 쳐본 연후에라야만 가능하다"

그리고는 그뿐이었다. 가끔씩 어깨너머로 그의 난을 구경하는 일이 있어도 입을 열어 자상하게 그 법을 일러주는 일은 없었다. 그러다가 그의 난이 거의 이우러져 갈 무렵에야 한 마디 덧붙였다.

"왼쪽부터 쳐라, 돌은 붓을 거슬러 써야지"

또 석파선생은 제자의 성취를 별로 기뻐하는 법이 없었다. 입문한 지 십 년에 가까워지면서 그의 솜씨는 선생의 친구들에게까지 은근한 감탄으로 오르내리게 되었다. 그러나 선생은 그런 말만 들으면 언제나 냉엄하게 잘라 말했다.

"이제 겨우 흉내를 낼 수 있을 뿐이오."

그런 선생의 냉담함이 더해 갈수록 운담은 오기가 생겼다. 세상 사람들의 칭송을 들으면 들을수록 이상하게도 그는 반드시 스승의 칭찬을 받고 싶었다. 그것이 그로하여금 석파선생 곁을 떠나지 못하게 했고, 온갖 모멸과 수모를 참아내게 한 원동력이었을 것이다.

이제는 자신의 거실에서 지필을 만지라고는 했지만, 석파선생의 태도는 별로 달라지지 않았다. 아니, 오히려 그가 나이를 먹고 글씨가 무르익어 갈수록 선생의 차가운 눈초리에는 이해할 수 없는 불안까지 번쩍였다. 느긋해지는 것은 차라리 운담 쪽이었다. 그런 스승의 냉담과 비정에 수년을 시달려 오면서, 그는 단순히 그것에 둔감해지거나 익숙해진 게 아니었다. 오히려 스승이 괴로워하고 불안해하는 것을 찾아내어 행함으로써 그로 인한 스승의 분노와 탄식을 즐기게까지 되었다.

제5장

나의 딸

변지현 작, '달 꽃' 시리즈 중

54　**달 꽃** _대구의 세 기생 '앵무 염농산', '복명 김울산', 그리고 '춘미 박녹주' 이야기

앵무가 자신의 씨로 지목되는 딸아이를 낳았다는 소문을 듣게 된 것은 그녀를 춘앵각에서 만난 이듬해 가을이었다. 그 때 마침 내설악의 산사를 헤매고 있던 그는 별 생각 없이 녹주(綠珠)라는 이름을 지어 보냈다. 슬프도록 짙푸른 숲 속의 녹음(綠陰)만이 그 아이의 앞날에 대한 어떤 예감으로 그의 의식 깊이 와 닿아 있었다.

그리고 다시 몇 년인가 후에는 아이를 성주군 용암면에 산다는 남동생에게 입적시켰다는 소문을 들었다. 어떤 부호의 첩으로 들어앉기 위해서였다는 말도 있었지만, 잠시 행방이 묘연해진 것도 사실이었다. 비정이라 해야 할지, 앵무의 그 같은 불행한 삶을 전해 들어도 그는 별다른 슬픔을 느끼지 못했다. 아니, 말이 나왔으니 말이지, 자신의 그 끼를 주체하지 못해 아름다움을 찾아 떠돌아다니는 그녀의 삶이 진정 슬픈 것인지 누가 알겠는가? 다만 그녀의 몸을 빌어 태어난 자기의 딸이 있다는 것과 그 아이가 어디서 어떻게 지내고 있는가 하는 것을, 그것도 얼핏 떠올렸을 뿐이었다.

평탄하지 못한 삶을 살아가는 누이 덕분으로 그런대로 한 살림을 마련한 외삼촌은 일찍감치 하나뿐인 생질녀의 재능을 알아보고 가만히 있을 수가 없었다. 누이의 끼를 판에 박은 듯 닮아있었기 때문이었다. 열 살이 되던 해부터 본격적으로 판소리 공부를 시켰다. 협률사 공연을 본 외삼촌이 그때 마침 선산 해평의 도리사 부근에 머물고 있던 박기홍 명창의 문하에 그녀를 보냈던 것이다. 소녀 명창으로 이웃 고을인 김천 왜관 상주 등의 잔칫집에 불려 다니던 아이는 그 후 강창호를 따라 대구 앞산에 있는 절에서 두 달 동안 소리를 배웠다. 그리고 결국은 대구 권번의 울산에게로 보내졌다. 폐병을 앓던 외삼촌이 더 이상 자신의 몸 하나 지탱할 형편이 되지 못할 지경에 이르렀기 때문이었다.

녹주는 울산을 어머니라고 불렀다. 그 어머니의 문하에서 이루어진 녹주의 기생수업은 아침 10시께부터 하오 4시까지 계속되었고, 춤·시조·소리 등이 과목별로 나눠져 있었다. 춤에도 '신입' '살풀이' '굿거리' 등 세 가지가 있었으며 시조 또한 중요했다. 원래 「춘향가」와 「심청가」를 어느 정도 할 수 있었던 그녀는 시조도 곧 익숙하게 배웠고 춤도 누구보다 빠르게 배웠다. 당시 팔도(八道)를 누비던 명창 송만갑 이동백 김창환 등과 교류를 하게 된 것도 그들이 언제나 잔치 집처럼 복작대던 샘밖 골목의 울산 댁에 있었기 때문에 가능한 일이었다.

녹주는 이때 이미 대구에서 김초향 다음 가는 명창으로 이름이 나기 시작했지만, 울산은 녹주에게 잠시도 서책을 손에서 놓지 않도록 했으며, 사군자 치는 일을 일과 중에서 가장 중요한 시간으로 삼도록 했다. 운담이 녹주를 혈육으로 알아보고 찾아온 것은 운현궁에서 나온 후에도 운담이 울산과의 만남을 지속한 덕택이었고, 기생 아이들을 상대로 필묵 다루는 법을 가르친 덕택이었다. 그때 운담이 녹주에게 처음으로 휘호를 내렸다.

桐千年老恒藏曲 梅一生寒不賣香
오동은 천년을 늙어도 가락을 품고 있으며, 매화는 한평생 추워도 향기를 팔지 않는다.

울산도 아이의 손을 꼭 잡고 "너는 네 어미의 재주를 물려받았으니 장래 크게 될거다"하며 격려를 해 주었다. 녹주의 어머니는 둘인 셈이었고, 과연 앵무가 가졌던 예기(藝技)와 울산이 가졌던 지식(智識)을 한꺼번에 물려받을 수 있었던 것이다.

19살이 되던 해 녹주는 울산의 품을 떠났다. 서울로 올라가 우미관에서 열린 명창대회에 참가하고 한남권번 소속으로 본격적인 활동을 시작하였다. 그곳에서도 명창으로 알려지기 시작한 그녀는 첫 스승이었던 박기홍의 동편제의 법통을 가지고 당대 동편제의 최고봉인 송만갑 명창의 수제자로 이름을 날리던 김정문을 사사하기도 했다.

하지만 녹주는 그게 성에 차지 않았다. 김정문에게서 배운 이 동편제 「흥보가」가 지나치게 골계적[13]이라 소리가 가진 기교를 부리기에 오히려 방해가 되었던 것이다. 결국 그런 부분들을 삭제하고 김창환 명창의 '제비노정기', 백점봉의 '비단 타령' 등의 더늠[14]을 수용하여 자기 방식대로 불렀다. 김창환이 누구인가? 서편제의 당대 최고 명창이었다. 그의 '제비노정기'마저도 녹주는 통성으로 맺음이 분명하게 동편제 창법으로 고쳐 불렀고, 결국 자신의 개성에 맞는 「흥보가」를 만든 것이었다. 창조적 변용이었다.

녹주의 활동은 여기서 그치지 아니했다. 본격적으로 유성기 음반 취입도 시작했고, 조선 땅에서 처음으로 개국한 경성 라디오에도 왕성하게 출연했으며, 각종 명창대회와 창극에 출연하여 이름을 날렸다. 그렇게 대중과 가까이 하면서도 그녀는 고집스러울 만큼 동편제 법제를 지켰다. 그녀의 소리관은 자신이 당대 최고의 동편제 거장에게 동편소리의 진수를 배웠다는 긍지에서 비롯되었다. 그리고 어미를 닮은 탓인지, 선이 굵고 대쪽 같이 매서운 성격의 소유자인 그녀에게는 섬세한 서편소리 보다는 투박한 동편소리가 어울렸다.

녹주의 소리는 고졸하지만 새겨들을수록 깊은 맛을 느끼게 했다. 얼핏 들으면 무미건조하고 투박하지만 담백하고 구수하면서

---

13 익살 가운데 교훈을 담는 방식
14 판소리 명창들에 의하여 노랫말과 소리가 새로이 만들어지거나 다듬어져 이루어진 판소리 대목

시원한 느낌을 주는 소리였다. 선천적으로 타고난 우람한 남성적 성음을 바탕으로 한다는 통성 위주의 동편제 창법으로 소리를 끌고 나가고, 군더더기 없이 분명하게 소리를 맺기 때문이었다. 이러한 특징은 물론 근원적으로 그의 뛰어난 판소리 기량 때문이지만 일견 판소리에 어울릴 성싶지 않은 그의 경상도 어투도 한몫하고 있었다. 그것은 적어도 녹주에게 있어서 결코 부정적인 요소가 아니었다. 그것은 마디나 옹이가 아니라 오히려 그의 소리를 원숙하게 하는 결이었던 셈이다.

비록 기생 출신이라는 신분의 한계가 있었음에도 불구하고, 그녀는 자신의 세계를 올곧고 비옥하게 가꾸며 살아가고 있었다. 또한 스승의 소리를 계승하는 데 머물지 않고 창조적 계승을 시도하려는 예인이었다. 이처럼 자신만의 미적 가치를 찾아 순수하게 예술세계에 몰입할 수 있었던 것은 어머니 앵무의 그것과 다르지 않은 그녀의 자유로운 영혼 탓이었다.

숱한 사내들과 염문을 뿌렸지만, 세 살이나 아래로 벽소(碧笑)라는 필명을 가진 건달 이영민과의 염문은 장안의 화제였다. 벽소는 당시 연희전문학교에서 신학문을 공부하는 학생으로 강원도의 대지주의 막내아들이었다. 그는 거의 매일 편지를 보내며 끈질기게 구애를 했고, 환심을 사기 위해서 비단 치맛감을 보내기도 하였다. 그래도 녹주가 사랑을 받아들이지 않자 혈서를 보내는가 하면 직접 찾아가 죽이겠다는 협박도 서슴지 않았다. 녹주는 그의 애틋한 연서마저도 받아들이지 않았다.

> 錦幕千燈夜如晝 비단 장막은 온갖 등불로 대낮처럼 밝은데
> 鸞姿燕態上筵遲 난새와 제비의 자태로 천천히 무대에 오른다
> 秋星忽散鴻將墮 가을별 흩어지고 기러기 떨어질 듯한 분위기
> 正是綠珠絕唱時 이는 바로 綠珠가 絕唱을 할 때로다.

불쌍한 것. 녹주가 다시 대구로 찾아 든 것은 죽이겠다는 그 사내의 협박을 피해서였다. 그리고 어머니처럼 따랐던 울산을 찾아가서야 비로소 생모 앵무가 2년 전부터 소식이 끊겼다는 사실을 알게 되었다. 그러다가 운담과 한집에 기거하게 된 것은 비교적 근년의 일이었다. 아버지 운담은 선대가 물려준 모든 가산을 한꺼번에 다 날리고 대구에 자그마한 서실을 열고 겨우 집칸을 마련해두고 있었다. 그렇게 정착하게 되면서부터 얻어 산 할멈이 죽자 다시 홀로가 된 터에 다가오는 노년과 더불어 새삼 그리워지는 혈육의 정을 달래기에는 다행스러운 일이기도 했다.

그때 녹주의 나이는 가엾게도 서른 하나였다. 운담이 이백의 앵

무주(鸚鵡洲)를 써내려 간 것은 녹주가 그의 서실로 이사를 든 날 밤이었다. 앵무를 만났던 그 날 밤, 그녀의 속 치마폭에 쳤던, 등걸은 말라비틀어지고 앙상한 가지에, 그것도 거의가 아직 피지 않은 봉오리였던 난초 두어 송이와 곁들였던 바로 그 글귀였다. 대개 고목 등걸은 붓 전체로 농담과 힘을 달리하여 표현되는데, 운담은 무수한 가로획의 붓 길로 그 몸통을 만들고 깐깐한 질감을 보이고자 했다. 심지 굳은 군자의 모습이었다.

鸚鵡來過吳江水 앵무새가 오강에 날아와
江上洲傳鸚鵡名 강 모래섬이 앵무주라는 이름을 전하게 되었다네.
鸚鵡西飛隴山去 앵무새는 서쪽으로 날아 농산으로 가버렸는데
芳洲之樹何靑靑 향기로운 모래섬의 나무는 어찌 그리 푸르른고

煙開蘭葉香風暖 안개 걷힌 난초 잎에 향기로운 바람 따뜻하고
岸夾桃花錦浪生 강 언덕 복숭아꽃에 비단물결 일렁인다.
遷客此時徒極目 폄천된 나그네 부질없이 먼 곳만 바라보는데
長洲孤月向誰明 긴 섬 외로운 달은 누구를 향하여 비추는가.

제6장
세상을 향한 몸짓

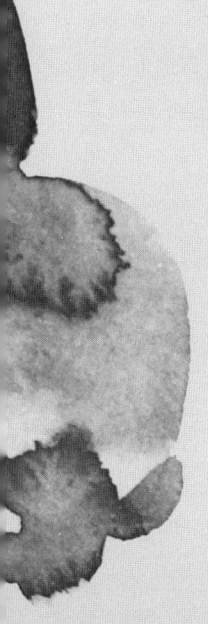

밀양에 있던 국농소(國農所)는 별로 쓸모가 없는 황폐한 땅이었다. 오늘날 농업시험장과 유사한 곳이었는데, 운담은 그것을 5년간 불하받은 뒤 만석꾼 아버지로부터 물려받은 전 재산을 담보로 동생과 함께 사업을 시작했다. 2~3년간 땅을 개간해 한 해 3만석을 수확할 수 있을 정도의 대규모 농장으로 바꾸는 야심찬 사업이었다. 그러나 이미 그때 번다한 외유와 풍류로 가산의 낭비가 많은 상태인 데다 1920년 경신(庚申) 대수해 마저 겹쳤다. 재산의 거의 전부를 잃어버리고 경제적으로 치명적인 타격을 입었다. 자그마한 서실을 얻어 나가 앉는 신세가 된 것도 그래서였다.

운담은 또 다시 필낭만 메고 유랑을 떠났다. 좌절로 겪게 된 자괴감을 달랠 수 있는 유일한 길이었을 것이다. 성주의 선남면을 찾아 왔을 때 그는 험한 꼴을 당한 적이 있었다. 갑자기 밖이 소란스러워져 운담이 살짝 눈살을 찌푸리며 눈을 떴을 때였다. 문 밖에는 난처한 표정을 짓고 있는 집주인 이 씨와 처음 보는 양복신사가 서 있었다. 막 끝낸 '석죽도'(石竹圖)의 묵향이 아직 가시지 않았을 때였다. 석죽도는 운담이 언제나 올곧음과 기개를 담아내는 도구이기도 했다.

"이 친구가 이름 높은 서화가들의 작품이라면 무엇이든 수집하지 않고서는 못 배기는 사람인데, 이곳에 선생님께서 머물고 계시다는 걸 어디서 들었나 봅니다. 저도 이 친구가 이리도 무작정 찾아 올 줄은 몰랐던지라…"

어쩔 줄 몰라 하는 이 씨와는 달리 양복신사는 성큼 방 안으로 들어와 운담과 마주보고 앉았다.

"처음 뵙겠소. 나는 박이라는 사람이외다. 갑자기 쳐들어온 무례를 용서해 주시기 바라오."

그의 말꼬리는 짧았다. 그리고 운담이 대답을 할 틈도 없이 양복은 자기 말만 마구 쏟아내기 시작했다.

"선생의 작품을 갖고 싶소. 글씨든 그림이든 좋소. 물론 그냥 달라는 게 아니라 정당한 대가를 주고 사겠다는 말이오. 돈은 얼마든지 낼 테니 멋지게 한 폭 그려 주지 않겠소? 가격은 일단 닷 돈 금가락지 다섯개로 시작하겠소. 부족하면 주저 말고 말하시오."

말을 마친 양복은 품 안에서 축 늘어진 비단주머니를 꺼내 살짝 흔들어 보였다. 운담은 눈앞에서 흔들리고 있는 비단주머니를 물끄러미 바라보았다. 금 25돈. 두 냥하고도 반이면 결코 적은 금액은 아니었다. 비단주머니에서 눈을 뗀 운담은 양복의 그 교활한 얼굴을 쏘아보았다.

"허, 그래, 내 작품을 사서 어쩔 생각이오?"

이미 운담의 심사는 틀어져 있었다.

"작품을 사서 집구석에 곱게 걸어놓고 감상할 수 있는 위인은 아닌 듯해서 말이오."

운담의 차가운 대응에 양복은 적잖이 당황하면서도 픽 코웃음을 쳤다.

"이것 참… 그래, 맞소. 나는 서화를 감상하기보다는 거래하기를 즐겨하는 화첩상이오. 내가 환쟁이들에게 안타까운 점이 그거요. 당신 정도의 재주라면 이렇게 남의 집에 얹혀사는 신세를 면할 수도 있을텐데……."

확실히 지금의 그는 여유롭다고 말할 사정은 아니었고, 당분간은 남의 집이며 사찰에서 신세져야 할 상황이었다. 운담은 대답을 대신하여 천천히 붓을 들었다. 그리고 숨을 죽여 몇 자를 쓰더니 자리에서 일어났다.

"자, 먹이 마르거든 걷어 가시오. 내가 이 집 주인의 면을 봐서 돈은 받지 않겠소."

寫蘭竹與寫美術 大有不同處 盖蘭竹 貴在文氣 不在形以 此可與知者道耳

대개 난초와 대나무는 그 귀함이 기운에 있고 모양에 있지 않아 이는 오로지 그것을 알아보는 자와 말할 수 있을 뿐.

조용하고 우아하게, 그렇지만 뿌드득 이를 갈고 잘근잘근 씹어서 내뱉듯이 쓴 글을 남기고 집을 나선 운담은 정처 없이 걸었다. 홧김에 급히 일어 선 탓에 남바위도 미처 갖추지 못한 얼굴에 겨울의 칼바람이 사정없이 파고들었다. 하지만 추위를 느낄 틈도 없었다. 저만치 낙동강의 푸른 물결을 지났나 싶어 잠시 걸음을 멈추었다. 그리고 크게 숨을 들이켰다. 차가운 겨울 공기가 폐부에 깊숙이 스몄다. 다시 숨을 내뱉으니, 문득 허공에 허무히 흩어지는 하얀 입김이 마치 자신의 마지막 남은 한 조각 자존심 같다는 생각이 들었다.

"아, 이대로 끝인가……."

고개를 들어 먼 데를 치어다보니 눈앞에는 새뜻한 녹색이 아득히 배어있었다. 전에 이곳을 들렀을 때는 보지 못했던 아주 넓은 들판이었다. 눈이 가득 쌓여 들녘을 이불처럼 덮어 주면 좋으련만 잔설이 남아있는 겨울 보리밭은 썰렁하기만 했다. 그저 치열한 삶의 목소리가 여울져 흐를 때 마음 속 메마른 나뭇가지를 울리는 바람 같은 허허로움만 남아있었다.

"거 뉘시오?"

운담은 깜짝 놀라 고개를 돌렸다. 밭을 돌아보러 나온듯한 노인이 담뱃대를 물고 그를 물끄러미 바라보고 있었다.

"아, 어르신. 안녕하십니까? 지나가는 길에 저 벌판이 하도 널찍하여 잠깐 구경 좀 했습니다. 여기가 어르신 밭입니까? 보리가 좋군요."

노인은 몇 안남은 이를 히죽이 내보이며 메마른 흉곽 깊숙한 곳에서부터 큭큭 울려나오는 소리로 웃었다.

"잘 보셨소. 보리가 잘 자라고 있지요? 공을 좀 들였습니다."

그러면서 노인은 밭으로 내려가 어딘가에서 날아와 엉킨 시든 풀과 잡초를 정리하기 시작했다. 운담은 노인의 구부러진 뒷모습에 대고 조심스럽게 물었다.

"저, 어르신. 이곳에 들판이 언제부터 생겼습니까? 전에는 없었던 것 같은데……."

사실 운담은 이곳이 처음은 아니었다. 십여 년 전 금강산에서 내려오던 길에 어린 녹주가 살고 있다는 소식을 듣고 거쳐 온 길목이었다. 딱히 만나고 싶어서는 아니었지만, 그야말로 거쳐 가던 길이라 핑계를 삼았어도 아이를 안다는 사람은 아무도 없었다. 노인은 한 손에는 담뱃대, 다른 한 손에는 뽑아낸 잡초를 든 채 의아한 표정으로 운담을 돌아보았다.

"'앵무들'을 모르시나?"

앵무. 앵무라는 이름을 듣는 순간, 운담은 번개라도 맞은 듯한 전율을 느꼈다. 어찌하여 그녀의 이름을 여기서 듣게 되었단 말인가? 운담은 최면에 걸린 것처럼 밭으로 내려가 노인에게 가까이 다가갔다.

"지금 앵무, 앵무라 하셨습니까?"

"저 두리방천을 쌓아 이 들판을 만들어 낸 사람이 대구에서 온 바로 그 사람 앵무였지요."

노인은 잔뜩 흥분하여 이야기를 계속했다.

"대구서 기생 노릇을 했다는데… 거 기생 중에서도 행수 기생이었다는데, 생긴 것만큼이나 인품도 훌륭했지요. 기미년의 일이었답니다. 이곳 성주에 크게 물난리가 나 많은 사람들이 죽고 마을은 폐허가 되다시피 한 적이 있었지요. 먹을 것은 없고 인심이 흉흉해졌을 때 곱게 생긴 한 여인이 여기가 자기 고향 땅이라고 찾아왔답니다. 온 동네 사람들에게 쌀을 퍼다 주더니, 어느 날 사람들을 모아 돼지를 잡고 막걸리를 돌리며 풍물패를 데려와 크게 잔치를 벌였지요. 아, 그때 그 여인이 하얀 소복을 입고 저 동리 앞마당에서 춤을 추는데, 모두가 입을 다물지 못했답니다. 그 자태가 얼마나 고왔던지……."

노인은 잠시 이야기를 멈추고 먼 곳을 바라보았다. 그의 눈길은 어느새 그때로 돌아간 것처럼 아련했다.

"개중에는 기생이 들어와 마을을 어지럽힌다며 구시렁대는 이들도 있었지만, 우리야 뭐 먹을 것 많은 잔치판에 멋진 구경꺼리가 있었으니 환영이었지."

자신의 고향 땅 용정마을에서 그녀는 사람들의 존경과 신임을 얻어갔다. 그리고 시작한 일이 제방을 쌓는 일이었다. 두리방천은 그렇게 복구된 것이었다. 제방 건설과 복구에 필요한 자금을 대는 것은 당연히 그녀의 몫이었다. 소극적인 마을 사람들을 하나하나 직접 설득하러 다니기도 하고, 본격적으로 공사가 시작된 후에는 사람들을 격려하고 마을 아낙네들과 어울려 참을 준비해 나르기도 하였다. 그렇게 두리방천이 완성되고 나니 더 이상 홍수의 위협은 없게 되었고, 사람들은 예전보다 더 넓은 땅을 일굴 수 있게 되었다. 앵무가 제방을 쌓자고 한 것은 단순한 제안이 아닌, 한 마을의 농업 경제 기반을 일으킬 수 있었던 중요한 계기가 된 것이었다.

운담은 감격스러움을 주체할 수 없었다. 마치 자신이 투자했다가 망한 밀양 국농소의 개간사업이 앵무로 말미암아 복구가 되고 있었던 것처럼. 마음 속 깊은 곳에 남아있던 생채기가 앵무를 통해 보듬어지리라 생각이나 했으랴? 자신의 이야기에 흥분한 노인은 운담을 마을 안쪽으로 이끌었다.

"저 안쪽에는 앵무빗돌도 세워놨으니 천천히 보고 가시오."

염농산 제언 공덕비(廉隴山 堤堰 功德碑)는 현재 성주군 용암면 용정리에 있다.

그곳에는 제법 잘 다듬어진 〈염농산 제언 공덕비〉(廉<ruby>山 堤堰 功德碑)라는 제목의 비각이 기다리고 있었다.

石强扵弩 溪澗爲東 里落故按 阡陌仍成 魚龍古窟 禾稼登場
國計民有 幷被其功 汝不吾信 視此林<ruby> 十簣山積 俾也可忘

돌이 쇠뇌에서 힘을 쓰니 개울물 불어 낙동수가 되고 고향마을 일부러 더듬어보니 논밭의 두렁들이 예처럼 되었네. 물고기들의 묵은 늪에서 오곡이 용처럼 하늘로 치솟네.
나라의 정책이 백성에 있으니 아울러 입었도다. 그 공덕을 모두가 믿지를 못한다면 이를 보라. 숲진 농산의 방천을 여러 사람 한 삼태기씩 흙으로 산을 쌓았으니 모두가 가히 잊으리로다.

여기에 있었구나 … 아, 그때 그녀의 치마폭에 휘어 갈긴 글귀가 이백의 시구임을 그녀도 알고 있었단 말인가? 그렇지 않고서야 어찌 '앵무'라는 자신의 이름을 다시 '농산'으로 부를 수 있단 말인가? 앵무의 그 영리함과 지혜로움에 새삼 놀란 운담은 제자리에 풀썩 주저앉고 말았다.

제7장
예(藝)와 지(智)

탕약을 마시듯 미음 한 공기를 마신 운담은 억지로 몸을 일으켜 세웠다. 미음그릇을 들고 나가던 녹주가 비틀거리는 그를 부축했다.

"무리하지 마세요. 그냥 앉아 계시는 것이……."

그는 간곡히 말리는 녹주를 약간 엄한 눈길로 건너본 후 천천히 방안을 걸어 보았다. 몇 발짝도 옮기기 전에 눈앞이 가물거리며 몸이 자꾸만 기울어졌다. 녹주가 근심스런 눈으로 그런 그를 바라보다가 그가 다시 이부자리에 기대앉자 조용히 밖으로 나갔다. 그의 눈에 다시 석파선생의 단순하고도 명료한 휘호 '此士'(차사)가 가득히 들어왔다.

커다란 두 글자가 연신 서로 겹쳤다가 다시 열리기를 반복하는가 싶었다. 운담은 눈을 꼭 감았다. 스승과의 관계가 저 글자처럼 아슬아슬하게 흔들리다 결국 완연히 갈라서게 되고 말았던 때가 주마등처럼 그의 머릿속에 파고들었다. 석파선생이 불안해한 것, 그리고 그가 늘 스승을 경원하도록 만든 것이 세월과 더불어 하나 둘 모습을 드러내게 된 것이었다.

본질적으로 일치될 수 없는 것은 그들의 예술관이라 할까, 서화에 대한 그들의 견해였다. 석파선생의 글씨는 힘을 중시하고 기(氣)와 품(品)을 숭상했다. 그러나 운담은 아름다움을 중히 여기고 정(情)과 의(意)를 드러내고자 힘썼다. 그림에 있어서도 석파선생은 서화를 심화(心畵)로 여겼고, 그는 물화(物畵), 즉 자신의 내심보다는 대상에 충실하려고 했다. 물화, 그릇접시 옆에 꽃을 얹어 고상함과 아름다움 둘 다 취하겠다는 기명절지화(器皿折枝畵)가 바로 그런 경우였다.

사군자 중에서 석파가 특히 득의해하던 것은 대나무와 매화였다. 그런데 그 대나무와 매화가 이상한 변화를 일으키기 시작한 것이다. 석파의 대나무와 매화는 원래 잎과 꽃이 무성하고 힘차게 뻗은 것이었으나 언제부터인가 점차 시들고 메마르고 뒤틀리기 시작한 것이었다. 그것은 날이 갈수록 심해 대 한 줄기에 이파리 세 개, 매화 한 등걸에 꽃 다섯 송이가 넘지 않았다. 운담에게는 그것이 불만이었다.

"선생님께서는 어째서 대나무의 잎을 따고 매화의 꽃을 훑어 버리십니까?"

이제는 운담도 장년이 되어 이처럼 외람된 질문을 해도 석파선생은 전처럼 괴팍함을 내비치지 못하게 되었을 때였다.

"나라가 망해가는 마당에 대나무가 무슨 흥이 있어 그 잎이 무성하겠느냐? 부끄럽게 살아남은 신하의 붓에는 또 무슨 힘이 남아 매화를 피운단 말이냐? 서화는 원래 대상을 빌어 내 마음을 그리는 것이므로 반드시 그 대상의 실제 모양에 얽매일 필요는 없다."

"글씨 쓰는 일이며 그림 그리는 일이 한낱 선비의 올곧은 심지를 드러내는 수단이라는 말씀입니까? 참으로 덧없는 일로 여겨질 뿐입니다. 장부로 태어나 일평생 먹이나 갈고 화선지나 더럽히는 것이 부끄러운 일입니다. 선생님 말씀대로, 나라가 그토록 소중한 것이라면 차라리 그 흔한 의병들 사이에라도 끼어들어 한 명의 적이라도 치고 죽는 것이 더욱 떳떳할 것입니다. 그런데도 가만히 서실에 앉아 대나무 잎이나 떼어내고 매화나 훑는 것은 나를 속이고 대상을 속이는 일이 아니겠습니까?"

"그렇지 않다. 대상에 충실하기로 치면 거리에 나앉은 화공이 훨씬 나을 것이다. 그러나 그들의 그림이 서푼에 팔려 나중에는 방바닥 뚫어진 것을 떼 붙이게 되는 것은 뜻이 얕고 천했기 때문이다. 너는 그림이며 글씨 그 자체에 어떤 귀함을 주려고 하지만, 만일 드높은 정신의 경지가 곁들여 있지 않으면 다만 검은 것은 먹이요, 흰 것은 종이일 뿐이다."

"그렇다면 선생님의 서화는 예(藝)입니까, 지(智)입니까, 도(道)입니까?"

"도다"

"그럼 서예(書藝)라든가 서학(書學)이란 말은 무슨 뜻입니까?"

"예는 도의 향이며, 지는 도의 옷이다. 도가 없으면 예도 지도 없다"

"예가 지극하면 도에 이른다는 말이 있듯이, 예는 도의 향이 아니라 도에 이르는 문(門)이 아니겠습니까?"

"장인들이나 하는 소리지. 무엇이든 항상 도 안에 있어야 한다."

"그렇다면 글씨며 그림을 배우는 일도 먼저 몸과 마음을 닦는 일일 텐데, 이제 예닐곱 살 난 학동들에게 붓을 쥐어 자획을 그리게 하는 것은 어찌된 일입니까? 만약 글씨에 도가 앞선다면 죽기 전에 붓을 잡을 수 있는 이가 몇이나 되겠습니까?"

"기예를 닦으면서 도가 아우르기를 기다리는 것이다. 평생 기예에 머물러 있으면 예능(藝能)일 뿐이지만, 도로 한 발짝 나가게 되면 예술이 되고, 혼연히 합일되면 예도가 되는 법이다."

"그런데도 도를 앞세워 예기(藝氣)를 억압하는 것은 수레를 소 앞에다 묶는 격이 아니겠습니까? 그것은 예가 먼저고 도가 뒤라는 뜻입니다."

그것은 석파 문하에 든 직후부터 속앓이를 해오던 운담의 항변이기도 했다. 그에 대한 석파선생의 반응도 날카로웠다. 그를 받아들일 때부터의 불안이 결국 적중하고 만 것 같은 느낌 때문이었으리라.

"이놈, 네 부족한 예와 지를 애써 채우려들지는 않고 도리어 요망스런 말로 얼버무리려 하느냐? 지식은 도에 이르는 길이다. 그런데 너는 서책을 읽는데도 뜻이 없었고, 시를 쓰는 일도 즐거워하지 않았다. 오직 붓끝과 손목만 연마하여 남의 흉내만 내고 있으니 천박스럽기 그지없구나. 그래 놓고도 이제 와서 부끄러워하기는커녕 오히려 앞사람의 드높은 정신의 경지를 폄하려들다니 뻔뻔스러운 놈."

두 글자 휘호 '此士'(차사)를 거머쥔 채 석파선생의 호령 소리를 뒤로하고 운현궁을 떠나던 그 날을 생각했다. 그것은 배신도 아니었고, 저항도 아니었다. 다다르지 못한 경지에 대한 억울함이었고 안타까움이었다. 그렇다고 자신이 걸어 온 길에 대한 자괴감도 아니었다. 다만, 부족하고 모자라서 제대로 가지 못한 그 길에 대한 회한이라 해야 할 것이다.

운담은 스스로를 생각했을 때 그저 글이나 쓰는 사람 이상도 이하도 아니었다. 일상적인 생활을 영위하는 가운데 저절로 이루어지는 것이 풍류와 운치라고 하였다. 바로 접시그릇 옆에 꽃가지를 꺾어놓은 기명절지화가 그런 것이었다. 소반 위에 주전자와 술잔, 그리고 안주거리인 게를 얹어놓고, 뜰에는 화훼와 바위 등 자신의 주변 광경인 듯한 장면을 그려낸 운담은 오히려 유유자적한 문방생활의 즐거움을 화제로 올린 것이다.

그는 기명절지화의 제작자이면서 동시에 향유자였던 셈이다.

그것은 어쩌면 운담이 꽃과 같은 앵무를 만나면서, 그리고 접시그릇 같은 울산을 만나면서 자연스럽게 얻어진, 예와 지의 합일로서 도의 경지일지도 모른다. 석파선생의 그것에는 훨씬 못 미칠지 모르지만, 이것은 대구를 중심으로 한 기명절지화의 전통이 되어 서울과는 다른 일종의 추상화 같은 성격을 뚜렷하게 형성한다. 화의(畵意), 그러니까 그림의 의미에 대한 주체적인 몰입이요, 시문(詩文)에 대한 공감의 정서라고 할 수 있다. 따라서 그림과 그 위에 쓰는 시문의 내용, 글씨체가 유기적으로 결합됨을 볼 수 있다. 게다가 그의 서예와 사군자화에서 나타나는 필묵미가 핵심적인 미적 요소를 이루고 있다.

芝窓經案 凝神獨坐

了無些牽 閒閱法帖古跡

筆興幽然自動 隨意揮手

或石焉 惑器皿焉 或折枝 揮成一團

此亦爲翰墨家 一種風韻

지초(芝草)가 있는 창가, 책상 앞에 정신을 모으고 홀로 앉아

어떤 것에도 구속받지 않고 한가로이 법첩과 고서화를 펼쳐본다.

필흥(筆興)이 자연스럽게 저절로 일어나 마음 가는대로 붓을 휘둘러

혹은 돌, 혹은 기명, 혹은 절지를 그려 하나의 그림이 이루어졌으니,
이 또한 한묵가(翰墨家)의 한 가지 풍류와 운치가 될 만하다.

운담의 시대만 해도 예인은 대부분 천민 계급에 속해 있었으며, 그들의 특질은 역마살이나 무슨 '끼'로 비웃음의 대상이었다. 예술의 정수는 여전히 학문적인 것에 있었고, 그 성취도 도(道)나 선정(禪定)에 비유되고 있었다. 그리고 석파선생은 아마도 끝까지 그런 견해에 충실했던 마지막 사람이었을 것이다.

운담은 타고난 예술가였다. 그러나 석파선생의 눈에는 천박하고 잡상스런 예인 기질에 지나지 않았다. 만약 운담의 개성이 보다 약했거나 그가 태어난 시대가 조금만 일렀다면, 그들 사제간의 반목은 그토록 길고 심각하지 않았을 것이다. 하지만 운담은 자기의 예술이 그 본질과는 다른 어떤 것에 얽매이는 것을 못 견뎌했고, 근대라고 하는 시대도 그런 그의 편에 서 있었다.

그러나 참으로 다행스러운 것은 스승의 깊은 학문에 대한 제자의 본능적인 외경 못지않게, 스승에게도 제자의 타고난 재능에 대한 애정이 남아 있었다는 것이다. 마치 앵무와 울산이 서로 다른 가치를 대표하면서도 공존했던 것처럼.

제8장
허공을 향한 소리

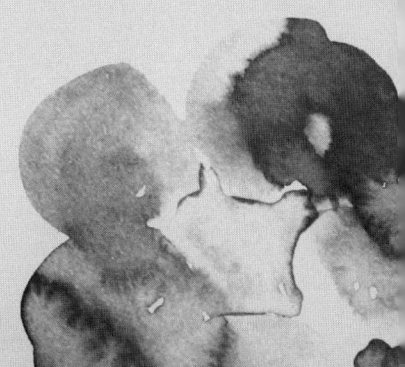

녹주는 쌀로 풀을 만들었다. 풀풀 끓어 넘치는 바람에 냄비뚜껑을 열어젖혔다. 하얀 김을 한바탕 쏟아낸 거품이 폴싹 주저앉은 사이로 쌀 알갱이가 그대로 보였다. 모양새가 또렷한 것으로 보아 좀 더 시간을 두어야 푹 퍼져 뭉그러진 풀이 될 성싶었다. 올여름 처음 푸새하는 날이었다.

그녀는 해마다 여름이 되면 손수 푸새할 것을 고집했다. 직접 자신의 손으로 옷에 풀물을 먹이는 것은 떨어내지 못한 마음속의 그리움 때문일 것이다. 푸새하는 풀물 속에는 상상으로만 남아있는 혈육의 어머니 앵무의 모습이 있었고, 정갈하게 쪽진 머리로 길러 준 어머니 울산의 모습이 있었으며, 게다가 성미가 까탈스러운 아버지 운담까지 있었다.

춘앵각 권번 기와집의 너른 대청마루에 다소곳이 앉아 푸새한 것을 손질하시는 어머니의 모습이 한 폭의 그림이 되어 떠올랐다. 입에 가득 물을 물었다가 '푸'하고 내뿜은 물안개로 버석거리는 이불 홑청을 다스리며 이렇게 해야 홑청이 밟기 편하며 다듬이 발이 잘 받는다고 일러주셨던 생활의 지혜도 생생했다. 이불 홑청을 사이에 두고 마주하면서 어느새 녹주는 어머니처럼 다소곳해지고 홑청 솔기를 맞잡은 손에 힘이 들어가는 것을 느꼈다. 일렁일렁하며 두 마음을 조율하던 맞당김은 어린 녹주에게 조화를 이루는 삶의 방식 하나를 깨우쳐줬다.

　푸새한 옷은 꿉꿉할 때 옷 솔기를 펴고 매만져야 모양이 바로 잡힌다. 어머니는 착착 개켜서 빨래 보에 싼 뒤 꼭꼭 밟아 숯다리미로 다림질하셨다. 권번의 고문 자격으로 한 번씩 춘앵각을 찾아오던 아버지의 모시옷은 이렇듯 언제나 정성스런 어머니의 손품이 가득 깃들어 있었다. 어머니는 고달픈 세월로 결하나 구겨짐 없이 모시옷을 손질해 놓고는 오로지 아버지의 흐뭇한 미소만을 기다리는 여인네 같았다.

　아버지의 모시옷은 섬세함이 살아 있는 듯 올올이 흐트러짐 없이 또렷한 결이 보였다. 성품조차 대쪽같이 올곧으니 모시옷 입은 모습에서 꼿꼿한 기품과 자존의 힘이 더욱 풍겼다. 속에 입은 옷까지 훤히 비치는, 투명하다 싶은 고의와 적삼이거늘 가벼이 뵈지 않고 오히려 고결한 기품으로 느껴짐은 웬일일까.

　여름이면 가끔씩 아버지는 고고한 모시옷 차림으로, 춘앵각 대청마루에 앉아 곰방대를 입에 물고 시조 가락을 읊으셨다. 모시옷과 곰방대, 시조 가락과 매미울음, 이글거리는 태양과 나무그늘이 아주 잘 어울렸다. 어린 아이의 눈에 까슬까슬한 모시옷을 입으신 아버지의 고결한 자태는 그야말로 자연과의 환상적인 어울림이요 퍽 매력적이었다.

변지현 작, '달 꽃' 시리즈 중

84 **달 꽃** _대구의 세 기생 '앵무 염농산', '복명 김울산', 그리고 '춘미 박녹주' 이야기

그 가을의 어느 날이었다. 녹주는 푸새거리 대신 장구를 들고 대청마루에 나와 운담의 옆에 붙어 앉았다. 초저녁께부터 시작해서 밤이 깊도록 지칠 줄을 모르는 소리가 시작되었다. 도도하고도 구성진 소리가 뒤에 숨어 있었다. 소리를 들으면 들을수록 그것은 오히려 더욱더 견딜 수 없는 어떤 예감 속으로 깊이깊이 휘몰아 들어가고 있는 것 같았다. 마루에는 술상이 마련되어 있었지만 운담은 거의 술 쪽에는 관심도 두지 않고 소리에만 넋이 팔려 있었다. 녹주가「춘향가」몇 대목을 뽑고 나자 운담은 아예 술상을 한쪽으로 밀어 놓고 제 편에서 먼저 북장단을 자청하고 나섰다.

"좋으네. 참으로 좋으네……. 자, 이 술로 목이나 좀 축이고 나서……."

녹주가 소리를 한 대목씩 끝내고 날 때서야 그는 겨우 생각이 미치는 듯 목축임을 한 잔씩 나누고는 이내 또 녹주에게 다음 소리를 재촉해 대곤 하는 것이었다.

한데 녹주가 이윽고 다시「수궁가」한 대목을 구성지게 뽑아 제키고 났을 때였다. 운담은 마침내 참을 수가 없어진 듯 녹주에게 다시 목축임 잔을 건네면서 물어 왔다.

"한데……한데 말이야. 소리도 글씨와 마찬가지로 법도로 삼아야 할 것이 있으니, 텅 비게 하여 움직여 가게 하는 것이다. 하늘을 생각해라. 하늘은 남북극이 있어서 그것으로 굴대를 삼아 그 움직이지 않는 곳에 잡아매고, 그런 후에 그 하늘을 항상 움직이게 하지 않더냐?"

시렁 위에서 가야금을 내리며 운담은 녹주에게 나지막한 목소리로 타이르듯 하고 있었다.

"성대에 너무 힘을 주지 말거라. 그렇다고 어깨 죽지나 폐부에 힘을 줄 일도 아니다. 목은 결국 네 몸뚱어리에 붙어있을 뿐. 그렇다고 네 몸뚱어리에 힘을 주라는 말도 아니다. 결국 몸뚱어리도 맘 먹기에 달린 것이니……. 독수리가 비상하듯 단숨에 끌어올리면 힘이 있을 것인즉."

가야금을 받아 안은 녹주가 이번에는 「홍보가」 가운데서 홍보가 매 품팔이를 떠나면서 늘어놓는 신세타령의 한 대목을 시작하였다.

성큼 소리가 시작되자 운담도 이내 북통을 끌어안으며 뒤늦은 장단을 따라가기 시작했다. 이번에는 그 장단을 잡아나가는 운담의 솜씨가 아까보다는 금세 소리의 흥을 타지 못하고 있었다. 운담은 아직도 뭔가 자꾸 소리의 뒤끝이 미진한 얼굴이었다. 하지만 운담의 기색 따윈 아랑곳도 하지 않은 채 녹주의 소리가 점점 열기를 더해 가기 시작하자, 운담 쪽도 마침내는 북채를 틀어쥔 손바닥 안에 서서히 다시 땀이 배기 시작했다. 그리고 마치 가슴이 끓어오르는 어떤 뜨거운 회상의 골짜기를 헤매어 들기 시작한 듯 두 눈길엔 이상스런 열기 같은 것이 담기기 시작했다. 이미 운담의 장단은 따로 놀기 시작했고, 녹주는 소리를 멈출 수밖에 없었다.

"아니, 아버지. 대체 무슨 생각을 그리 골똘히 하십니까?"

운담의 얼굴에는 자못 처연한 기색이 떠올랐다.

"아니다. 소리를 왜 멈추느냐. 계속해 보거라."

그러나 그 말을 듣자 녹주는 억눌렀던 심화가 다시 솟아올랐다. 아버지의 그 같은 표정이 그녀에게는 처연함이 아니라 오히려 비웃음으로 비쳤다.

혈육을 물려받은 딸이라 할지라도 자신이 그토록 다듬어 온 소리가 조금이라도 폄훼되는 것을 참을 수 없었던 것이다. 한 번도 아버지의 부름에 대꾸해 본적 없는 녹주로서는 자신도 모르게 튀어나온 말이었다.

"설령 텅 비어 소리가 움직여 가게 한들, 여기서 독수리가 솟아오른들, 그게 아버지나 저를 위해 무슨 소용이겠습니까?"

이마에 송글송글 땀이 맺힌 채 기진해 있던 운담은 녹주의 처음 그 말에 어리둥절한 표정이었다. 그러나 이내 그 말의 참뜻을 알아들은 듯 매서운 눈길로 그를 노려보았다.

"무슨 소리냐? 그와 같이 드높은 경지는 소리를 하는 어떤 누구든 일생에 단 한 번이라도 이르러 보고 싶은 경지일 터인데, 너는 그런 욕심도 없었단 말이냐."

"거기에 이르러 본들 그것이 우리에게 무엇을 줄 수 있단 말입니까?"

녹주도 지지 않았다.

"꼭대기에 올라 보지도 않고, 거기에 오르면 그보다 더 높은 산이 없을까를 근심하는구나. 그럼 너는 일찍이 그들이 성취한 드높은 경지로 후세에까지 큰 이름을 드리운 선인들이 모두 쓸모없는 일을 하였단 말이냐?"

녹주는 아버지의 꾸짖음을 못들은 척, 다시 가야금을 앞으로 끌어 당겼다.

"어이 가리 어이 가리, 황성 먼 길 어이 가리

오늘은 가다 어디서 자고, 내일은 가다 어디서 잘거나……."

한동안 무거운 침묵의 시간이 흐른 다음이었다. 녹주가 이윽고 아버지에게 말을 건네듯 천천히 다시 노래를 시작했다. 공연히 거북해진 방 안 분위기를 소리로나 녹여 보고 싶은 녹주의 심사인 듯했다. 「심청가」 중에 심 봉사가 황성길을 찾아가는 정경으로, 녹주의 목소리는 어느 때보다도 유장하고 창연한 진양조[15] 가락을 뽑아

---

15 판소리 및 산조 장단 가운데 가장 느린 장단

넘기고 있었다.

    지그시 눈을 내리감은 아버지의 장단 가락이 졸린 듯 이따금씩 녹주를 급하게 뒤쫓곤 했다. 운담은 이미 녹주의 소리를 듣고 있지 않았다. 녹주는 맘먹은 듯 가야금을 거칠게 밀쳐놓고 다시 아버지를 향해 대꾸를 했다.

    "자기를 속이고 남을 속인 것입니다. 도대체 종이에 먹물을 적시는 일에 도가 있은들 무엇이며, 현묘(玄妙)함이 있은들 그게 얼마나 대단하겠습니까? 도는 백정이나 도둑에게도 있고, 뜻은 장인이나 대장장이의 일에도 있습니다. 아무리 이름이 높아도 나 자신이 없는데 문자로 된 나의 껍데기가 낯모르는 후세들에게 떠돈들 무슨 소용이 있겠으며, 서화가 남겨진다 하나 단단한 비석도 비바람에 깎이는데 하물며 흔적도 없이 사라져버리는 덧없는 소리이겠습니까? 기껏 잠시 착각을 일으켜 사람들의 흥을 돋울망정 헐벗고 굶주리는 이웃을 도울 수도 없습니다. 그들은 그 허망함과 쓰라림을 감추기 위해 이를 수도 없고 증명할 수도 없는 어떤 경지를 설정하여 자기를 위로하고 이웃과 뒷사람을 흘렸던 것입니다……"

    그때였다. 어느새 북채를 마당으로 집어 던진 운담은 횅하니 일어서 뒤돌아서더니 어느새 사랑방 문을 부서져라 닫아버렸다.

제9장

그리고 도(道)

1909년 1월 7일, 대구역에 멈춰 선 궁정열차에서 조선의 마지막 임금 순종황제가 내렸다. 그날 오전 돈화문을 나선 순종은 남대문 정거장에서 경부선을 탔지만, 그의 마음은 초조했다. 한치 앞의 자기 운명도 가늠할 수 없는 때에 이토 히로부미(伊藤博文)[16]의 강권을 이기지 못해 따라나선 여행이었다. 대구역에는 경상북도 관찰사 박중양과 대구 이사청의 관리들을 포함하여 환영 인파가 3만 명에 가까웠다.

　그는 이것이 임금으로서 신하들을 보살필 수 있는 마지막 기회였음을 이미 알고 있었기에, 대구에 와서도 백성들을 그야말로 두루 찾았다. 개중에는 울산도 있었다. 아무리 나라가 기울어져 가는 때였지만, 임금이 한낱 기생을 직접 찾은 것은 의외였다. 동행한 의양군 이재각을 비롯하여 이토 통감 등이 참여한 한일인민연합환영회 자리에서였다. 울산이 향이라는 이름의 소녀 시절이었을 때, 운현궁에서 돌보았던 석파의 어린 손자 이척(李拓)이 바로 순종이었던 것이다. 그 때 향이는 순종의 누이요 어머니와 같은 존재였다.

　그는 야소교전도교회 병원에 200환의 하사금을 내리더니, 그에 그치지 않고 천민 기생 울산에게 무려 100환을 내렸으니 놀라

16　을사늑약에 따라 대한제국의 초대 통감으로 활동하다가 1909년 만주 하얼빈에서 10월 26일 안중근에게 저격을 당해 사망하였다.

운 일이 아닐 수 없었다. 사실 그녀는 운현궁에서 내려 올 때만 해도 석파선생으로부터 하사받은 땅이 상당했다는 풍문도 있던 터였다. 이미 그때 울산은 많은 기부와 선행으로 이름이 알려져 있었고, 순도학교 설립에도 앞장섰던 터라 그녀의 이름에는 '여사'혹은 '부인'이라는 칭호가 따라다녔다. 대구 최초의 초등학교인 희도국민학교를 세울 때도 거금을 기부했으며, 대남학교 부속유치원을 비롯하여 여러 사회단체에도 기부금을 희사하였다. 돈도 궁한 처지가 아니었고, 그녀를 더 이상 기생이라고 함부로 입에 올리는 사람도 물론 없었다.

그녀는 결코 사람들의 기대를 저버리지 아니하였다. 순종 황제로부터 받은 하사금을 종자돈으로 삼아 경영난에 빠진 대구 명신여학교를 인수하였다. 대구지역의 유지들이 모여들기 시작했고, 이미 달성권번의 고문으로 있던 운담도 울산의 육영사업에 동참하며 기성회원을 자임했다. 육영사업이라는 게 돈만 있다고 될 일도 아니었고, 뜻만 있다고 될 일도 아니었지만, 울산은 지혜로운 여인이었다. 조국 광복의 염원을 담아 교명부터 복명학교(復明)으로 바꾸고 건물도 신축하였다. 자신의 아호도 복명으로 삼았다. 그리고 유치원 2개 반을 설립하여 '금강조'와 '백두조'라 이름 하였다. 복명학교를 위해 그녀가 내놓은 재산은 총 8만원, 당시 쌀 한가마가 20원

김울산 여사의 기념상이 원래 복명학교의 자리였던 대구동부교육지원청 마당에 세워졌다.

이었으니 무려 4천섬을 들인 셈이다.

당시 여성교육을 이끈 학교들이 대개 선교사가 세웠거나 일본인들이 세운 것인데 비해 김울산의 복명학교는 명실상부 대구여성들이 자력으로 세운, 교육에 있어서도 차별을 받았던 조선의 아이들을 위한 교육기관이라는데 의의가 있다. 일제초기 여성교육의 필요성은 '현모양처론'의 수준이었고, 그것을 부국강병의 도구로 인식하는 정도였다. 그런데 기생이 민족의식을 각성하고, 동시에 교육을 근대의 동의어로 이해했다는 것은 획기적인 변화라고 할 수 있다. 복명학교는 1927년 8월에 남자부를 설치하여 복명보통학교로 개명되었고 해방을 맞을 때까지 무려 1천9백90명의 졸업생을 배출했다.

울산이 복명학교를 세웠다는 소식을 접한 운담은 망치로 뒤통수를 맞은 기분이었다. 사실상 신문물을 접하고 신교육을 받았다는 서울의 신여성들이 가진 새로운 세계관과는 비할 바가 못 되었다. 고상한 취미로 서양을 흉내 내는 것이 근대화의 이념은 아닐진대, 울산은 오히려 손가락 사이로 새는 모래알처럼 너무나 쉽게 사라져가는 가치들을 챙기고 있었다. 시대가 요구하는 엄청난 투자였던 것이 다.

도대체 내가 진정으로 열렬하게 사랑했던 것은 무엇이었을까,

내가 일생을 골몰하여 얻고자 했던 것은 무엇이었을까…… 그 사이 하나 둘 빠져나가고 녹주만 목상처럼 앉아 있는 방안을 힘없이 둘러본 운담은 다시 짙은 비애와도 같은 회상 속으로 빠져 들어갔다. 그에게는 애초부터 가족이나 생활의 개념이 있었던 것도 아니었고, 소유며 축적이란 말에도 익숙하지 않았고, 권력욕이나 명예욕 같은 것에 몸 달아 본 적도 없었다. 그저 분방했을 뿐, 그가 누려온 삶의 방식은 지극히 단순했다. 미적 충동, 바로 서화였던 것이다.

하지만 결국 그것이 내게 무엇을 줄 수 있었단 말인가. 운담은 다시 스스로에게 물었다. 그것이 내게 무엇을 줄 수 있다는 것인가……. 수십 년 동안 나름대로 끊임없이 연마하고 모색해 온 세월이었지만 과연 나는 구하던 것을 얻었던가.

운담은 몹시 지쳐 있었다. 그의 고통스런 창작은 열성스럽다 못해 참담할 지경이었다. 하도 자리를 뜨지 않고 서화에 열중하는 바람에 엉덩이께는 견디기 힘들 만큼 짓물렀고, 관절은 굳어 이미 일어나기가 어려울 지경이 되었다. 건강을 걱정하는 녹주의 말도 듣지 않았다. 그의 기법은 이미 난숙하여 경지에 이르렀지만 차츰 깊이 모를 허망감에 빠져 들어갔다. 묵향과 함께 속절없이 흘러가 버린 그의 청춘이었다. 그런데 이제 그의 삶이 늦가을에 이르렀음에도 모든 걸 바쳐 추구하고 있는 것은 여전히 산 너머의 아득함일 뿐이었다. …… 열병과도 같은 몰입에서 서서히 깨어나면서부터 운담은 스스로에게 자조적으로 묻곤 했다. 내가 무슨 짓을 해왔으며, 하고 있나고.

그리고 딸아이 녹주와 다툴 때의 의미와는 다르게 되물었다. 장부로서 이 땅에 태어나 한평생을 먹이나 갈고 붓이나 어르면서 보내도 괜찮은 것인가고. 어떤 이는 조국의 광복을 위해 해외로 떠나고, 혹은 싸우다가 죽거나 투옥되었으며, 어떤 이는 이재에 뜻을 두어 물산을 일으키고 헐벗은 이웃을 돌보았다. 어떤 이는 문화사업을 통해 몽매한 동족을 일깨웠고, 어떤 이는 새로운 학문에 전념하여 지식으로 사회에 봉사하였다. 그가 잠시 정을 나누었던 앵무 같은 기생 따위도 나라를 위해 깃발을 들었고, 언제나 잡힐 듯 잡히지 않던 울산은 이제 후손들을 위해 학교를 세운다고 하지 않는가.

그런데 자신의 생은 어떠하였던가. 시선은 언제나 그 자신에게만 쏠려 있었고, 진지하고 소중하게 여겼던 지난날의 그 힘든 수련도 실은 쓸쓸한 삶에서의 도피거나 주관적인 몰입에 불과하였다. 자신만을 향해 있는 삶, 오오, 자신만을 향해 있는 삶…….

벌써 몇 개째의 작품인지 모른다. 기명절지화, 사군자화와 비슷한 화면을 구성하지만 긴 시문으로 문인화로서의 고상한 정취를 가졌다. 호쾌한 필치와 정감이 우러나는 묵법으로 필묵미의 우아함을 보여준다. 화려하게 채색하는 대신 먹으로 그린 가히 수묵사의(水墨寫意)의 새로운 미적 범주라 할 수 있다. 자신의 사군자화와 유사한 개성 있는 서예적 필치를 구사했으나 대상의 사실적 재현에 구애받지 않았기 때문이다. 글씨를 쓰고 사군자를 치는 일필휘지의 비묘사적인 서예적 필획을 그대로 적용하여 먹색의 표현성이 두드러진다. 그것이 결국 채색공필화풍(彩色工筆畫風)이라고 불리는 서울 화단의 미려하고 장식적인 경향과 함께 기명절지화의 양대 화풍이 된 것이다.

수묵을 기조로 하면서 채색을 혼합한다든지, 영지(靈芝)버섯과 수석(壽石)으로 행운과 장수를 상징하기도 했으며, 세부 문양을 그려 넣은 오래된 놋그릇과 고리가 달린 난분(蘭盆)으로 고전적 분위기를 연출한 것도 이 기명절지화의 새로운 화법이었다. 그것은 선비들의 문방(文房)을 배경으로 하면서 세속적인 기복과 일상의 광경이 공존하는 그림이기도 했다. 오래된 놋그릇을 연구하고 감상하는 고상한 정취가 있는가 하면 복을 염원하는 소망이 있고, 유유자적한 교제와 일상의 향유 등 여러 주제가 복합된 것들이었다.

그의 기명절지화는 일제하에서 마지막 남은 선비들의 자존심에 근거한 문화적 역량의 표출이라 할 수 있을 것이다. 이상과 현실, 이렇게 다른 두 가지 가치의 공존을 은담은 고상한 접시그릇에 꽃

가지로 배치함으로써 도(道)의 경지에 이르고자 했을지도 모를 일이다.

"자, 이제 몇 점이나 되었느냐?"

걱정스런 눈으로 곁에서 운담을 지키고 있던 녹주는 채 마르지도 않은 그림을 손으로 집어 끌며 서둘러 대답을 했다.

"이만하면 충분합니다. 이제 제발 그만 하세요."

운담은 녹주의 말을 따를 수가 없었다. 맘이 급했다. 울산이 학교를 세운다는데 얼마나 많은 돈이 들지 알 수 없지만, 자신이 할 수 있는 일은 운필을 쥘 수 있는 힘이 남아 있을 때까지, 그리고 희미하게나마 정신이 남아있을 때까지 쓰고 그리는 일일 터이다. 아직은 자신의 작품을 알아보고 거금을 싸들고 와서 사들이는 이들이 있다는 것만으로도 큰 힘이 되었다.

그때였다. 운담의 얼굴에 일순 처량한 빛이 떠돌더니 그때까지 꼿꼿하던 고개가 힘없이 떨어지며 그의 몸이 스르르 무너져 내렸다.

"아버지, 웬일이십니까?"

녹주가 매달리듯 그의 팔에 의지해 축 늘어지는 운담을 황급히 싸안았다. 그러나 운담은 그 순간도 명료한 의식으로 내면의 자기에게 중얼거리고 있었다. 아직도 보이지 않는구나. 내 일생에 단한 번이라도 그걸 보고자 소망했지만, 어쩌면 그 소망은 처음부터 이룰 수 없는 것이었는지도 모르지. 그래서 마지막 순간까지 이 일을 미루어 온 것인지도 모르지……..

제10장

달꽃

당상의 백발양친 이별헌지가 몇해런고,

부혜여 생아하고 모혜여 육아허니,

욕보지 덕택이라 호천망극이라 우리네 부모님,

전장에 나를 보내고 편지올가 기다릴제,

일락서산하니 의문망이 몇 번이며,

바람불고 비올제 의려지망이 몇 번인고

처연한 소리였다. 「적벽가」 중 '군사설움'의 부모생각 대목으로 담담하고 안정된 맛을 주는 중중모리[17] 장단이지만, 녹주의 소리는 웅장하고 호탕한 느낌을 주는 곡조의 우조(羽調)였다. 구절의 끝이 지르르 끌리는 맛 대신 맑고 격하고 장하고 거세며 엄한 가락이었다. 마치 호령을 하듯 사납게 들어 올리는 탓에 옥구슬들이 한꺼번에 부딪쳐서 와르르 깨어지는 듯도 했다.

혼절하다시피 해서 깊은 잠에 빠졌던 운담이 일전에 북채를 마당으로 내동이 쳐버린 게 맘에 걸렸던지 어느새 벽에 비스듬히 기대앉아 있었다.

"달 꽃이 피어난 듯하구나. 특별한 기교도 없고 그저 장단에 소

---

[17] 산조나 판소리에서 쓰인 장단의 하나로 빠른 12박을 한 주기로 삼는다. 12박 중에 가장 세게 강조되는 박은 첫 번째의 합장단과 아홉 번째 박이다. 기본 가락은 중모리와 거의 같다만 속도가 빠를 따름이다.

리를 맞춰나가듯 건조하게 들린다만, 예스럽고 소박해서 좋다. 대마디 대장단에 충실한 것 같기도 하고 ..."

"예, 아버지, 잘 들으셨습니다. 이것이 제가 공부하는 동편제입니다."

"그래 대체 서편제와는 어떻게 다르냐?"

"악조나 발성, 부침새와 시김새 기법과 그 꾸며내고자 하는 바가 서로 다르다고 할 수 있습니다. 서편제는 구절 끝마침이 좀 지르르 끌어서 꽁지가 붙어 다닌다면 동편제는 첫 발성이 썩 진중하고 구절 끝마침을 분명히 하여 쇠망치로 내려치는 듯 하답니다. 실제로 내드름에서 서편제는 가벼운 발성으로 일관하지만, 동편제는 소리 마디마디마다 엄성이라 해서 무거운 발성으로 시작합니다. 구절 끝마침에서 서편제는 소리의 꼬리가 길게 늘어져 지속되는 느낌을 주는데 동편제는 소리의 끝을 들어 올려 꼬리가 끊어지는 느낌을 강하게 줄 것입니다."

"그렇다면 네 것이라고 할 만한 부분은 어디냐?"

"부침새를 다양하게 구사해내는 서편제와는 달리, 저는 잔재주를 부리지 않고 긴 빨래 널 듯 쭉쭉 뻗어 내려고 노력합니다. 잔가락이 많고 기교적이어서 소리 한 꼭지가 몇 장단씩 끌고 나가는 것을 저는 잔가락 없는 장단으로 처리를 하고, 장단에서도 소리에 기교가 너무 많아 속도가 늘어지지 않도록 하고 있습니다."

온갖 나무에 꽃이 화려하게 피듯 현란하게 소리하는 것이 서편제라면, 우뚝 솟은 봉우리에 달이 시원하게 꽃을 피우듯 소리하는 것이 동편제라고 할 수 있을 것이다. 동편제는 웅장하고 씩씩하며, 기교를 부리지 않고 선천적인 음량을 소박하게 그대로 드러내어 소리하는 특징을 지녔기 때문이다. 그래서 동편 소리는 아니리가 길게 발달하지도 않았고, 발림도 별로 없으므로 오직 목에서 내는 통성에만 의지하는 소리제인 셈이다. 비기교적이고 건조한 연기로 일관되니 그만큼 예스럽고 소박하다는 뜻도 될 것이다. 게다가 녹주가 선천적으로 투박한 경상도 말씨를 지녔다는 것도 동편제의 이러한 특징을 이어가는 데 적절했을 것이다.

서편제의 음악적 특징은 슬프고 원망스런 느낌을 처절하게 잘 그려내고, 정교하면서도 화려하게 그려내기 때문에 흔히 '갈 데까지 간다'고 하는데, 서편제가 부드럽다면 동편제는 거친 것으로 비교되기도 한다.

"그렇지, 그렇지……. 그저 옛 것을 흉내만 내서야 그런 새로운 '거침'이 나올 수가 없지."

들릴 듯 말 듯 중얼거리다 운담은 다시 잠을 든 것인지 혼절한 것인지 알 수 없는 상태가 되었다. 눈을 뜬 것은 오후 늦게였다. 주

변지현 작, '달 꽃' 시리즈 중

위에는 몇몇 낯익은 얼굴들이 근심스런 표정으로 둘러앉아 있었다. 운담은 천천히 눈을 돌려 그들을 살펴보았다. 울었던 흔적이 있는 녹주가 앉아 있다가 눈을 뜬 운담에게 울먹이는 소리로 물었다.

"아버지, 이제 정신이 드십니까?"

앵무였다. 젊을 때 고작 몇 개월의 정을 나누고는 홀연히 사라져버린 앵무였다.

"아버지, 접니다. 녹주입니다."

이상도 하지. 딸아이 녹주의 얼굴에는 언제나 앵무의 눈빛이 서려있었다. 그리고 보니 녹주의 눈은 이미 보기 흉할 정도로 부어 있었다. 불쌍한 것, 몹쓸 아비였다. 또 다른 어떤 여자 하나가 들어섰다. 그리고 운담의 두 손을 감싸 쥐면서 가만히 물었다.

"절 알아보시겠어요?"

운담은 풀리는 시선을 간신히 모아 그녀를 바라보았다. 향이였다. 어릴 때 향이의 그 곱던 모습이 울산과 오버랩 되어 다가오고 있었다. 앵무의 그 휙 하고 날아갈 듯 발랄한 성격과는 달리 언제나 나비처럼 차분하고 단아한 모습을 흩트리지 않던 울산이었다. 앵무가 예(藝)의 끼를 가졌다면 울산에게는 앎에 대한 끼가 있었다. 그러니 예의 핏줄을 타고 난 녹주는 울산의 손길 아래서 지혜를 이어받아 오늘에 이르렀는지도 모를 일이다. 어쩌면 그것은 운담이 일생동안 추구했던 도(道)의 현현일 수도 있을 것이다.

　울산은 운담의 첩이라는 소문이 파다하게 돌 정도로 한때 몰두했던 여자였는데, 스스로는 한 번도 그런 관계를 긍정도 부정도 하지 않았다. 기생으로 술을 팔아 모은 돈이 적지 않아 학교도 세우고 사회사업에도 나서더니, 이제는 나라 걱정마저 하는 모양이었다. 그래서일까? 울산은 늙어갈수록 곱고 우아한 자태가 돋보이는 얼굴이었다. 알지, 알고말고…… 그러나 무슨 말을 하기도 전에 다시 한 번 혼곤한 잠이 먼저 운담을 사로잡았다.

　운담의 서화가 단순한 전통적 사군자에 머물지 않고 접시그릇까지 하나로 묶어 화제로 삼았을 때, 사군자가 앵무라면 접시그릇은 울산일 것이고, 접시그릇이 앵무라면 사군자가 울산일 것이다. 그의 서화론도 이제 뚜렷이 드러났다고 할 수 있다. 전통적으로는 글씨로써 그림까지 파악했다면, 그는 그림으로써 글씨를 파악하고자 했다는 점이었다. 만약 글씨를 쓴다는 것이 문자로 뜻을 전하는 과정에 불과하다면 서예란 일생을 바칠 만한 의미가 없어지고 만다.

　그것은 어쩌면 일제와 함께 시작되었다고도 할 수 있는 근대성의 한계일지도 모른다. 전통에 대한 엄청난 도전이고 충격이었지만, 그의 서화는 이 둘을 아우르고자 한 것이었다.

　점점 손에서 힘이 빠진다. 아아…… 깨고 보니 또 다시 꿈이었다. 벌써 몇 번째인가? 꽤 오랜 시간을 잔 모양으로, 마루의 괘종시계가 새벽 네 시임을 알리는 소리가 들렸다. 진통제의 기운이 걷힌 탓인지 형용할 수도 없고 아픈 자리도 짐작이 안 가는 그야말로 음험한 통증이 온 몸을 감돌고 있었지만, 정신만은 이상하게 맑았다.

문병객은 대부분 돌아가고 없었다. 앵무도 울산도 없었다. 남은 것은 '내 딸'이자 '그들의 딸'인 녹주 밖에 없었다.

운담은 가만히 상체를 일으켜 보았다. 뜻밖에도 쉽게 일으켜졌다. 허리의 동통이 조금 가라앉는 것 같았다. 그러자 문득 자기가 할 일이 남았다는 것을 상기했다. 운담은 조용한 목소리로 녹주의 이름을 불렀다.

"녹주야"

잠이 덜 깬 눈에도 상체를 벽에 기대고 있는 운담의 모습이 이상하게 보이는 모양이었다. 녹주는 황급히 일어나 운담을 부축하려고 무릎걸음으로 다가왔다. 그러나 운담은 손짓으로 그녀를 저지한 후 말했다.

"문갑에 서화가 한 장 남아있을게다."

그동안 모아 두었던 백여 점의 서화들은 이미 며칠 전 울산에게 전달을 했으니 벽장은 비어있었다. 녹주가 조심스레 서화를 꺼내 펼쳤다.

화분에 담긴 키 큰 난초가 유난히 좁고 긴 화폭에 그려져 있었다. 화분이 단순한 용기가 아니라 귀한 그릇임은 받침과 분에 달린 손잡이나 고리로 알 수 있지만, 이 그림 속에서는 이미 생략되어 사라졌다. 화분은 단순하고 평범했고, 여백이 많은 긴 종이에 길게 뻗어낸 이파리는 차분하면서도 멋스러웠다. 침착한 먹색과 약간의 떨림이 있는 소박한 선은 인위적인 기교보다는 자연스러운 졸박함을 드러내고 있었다. 화제는 '타분입산'(打盆入山)! 화분을 깨트려 세상의 온갖 미련 다 버리고 이제 산으로 들어간다는 선언일 것이다.

그의 기명절지화는 이제 이렇게 간결해졌다. 화분 하나만 이렇게 달랑 그려낸 것은 그 공간의 주체로서, 수요나 필요에 응하는 대신, 난초를 기르는 문인화가의 심상을 깊고 단순하게 나타낸 것이리라.

그리고는 더 이상 말이 없는 운담을 내려다보며 녹주는 한바탕 큰 울음을 쏟았다. 운담의 마지막 눈물도 그의 양 볼을 타고 주르륵 흘러내려 베개를 적셨다. 눈을 감은 채 녹주의 '이별가'를 듣고나 있었는지.

이제가면 언제와요. 올 날이나 일러주오.
금강산 상상봉이 평지가 되거든 오실라요.

동서남북 너룬바다 육지가 되거든 오실라요.

마두각(馬頭角)허거던 오실라요. 오두백(烏頭白)허거든 오실라요.

......

달 꽃이 활짝 핀 밤이었다.

부록_

1. 김중순, 「근대화의 담지자(擔持者) 기생 I」,
   『한국학논집』 43, 계명대학교 한국학연구원, 2011. 161-194.

목차

요약
1. 여는 글
2. 대구 기생의 내력
3. 근대화의 담지자로서의 기생
   1) 여성해방과 남녀평등의 가치 실현:
      앵무 염농산의 경우
   2) 교육사업을 통한 계몽의 가치 실현:
      김울산(金蔚山)의 경우
   3) 사회참여를 통한 개혁의 가치 실현:
      금죽 정칠성의 경우
4. 닫는 글: 지역문화 콘텐츠로서의 가능성
참고문헌

요약

　근대화와 관련한 문화 콘텐츠 개발에 있어서 대구의 노력은 다른 어느 지역보다 활발하다. 대구읍성 복원으로부터 민족 저항운동의 성지 발굴에 이르기까지, 그리고 대구근대역사관 설립 등이 성과라고 할 수 있다. 그러나 콘텐츠의 '개발'에 급급하다 보니 원형 자료에 대한 연구를 소홀히 할 수밖에 없었고, 지금은 스토리텔링의 빈약으로 말미암아 콘텐츠의 완성도가 떨어진다는 우려를 낳고 있다.
　대중 사회의 관심을 끄는 문화 코드 가운데 하나인 '기생'이라는 아이템이 그런 예다. 그것은 콘텐츠의 대상으로 매우 매력적이다. 그런가 하면 그들은 근대문화로 통칭되는 서구적 신문물을 주체적이고 적극적으로 수용하기도 했으며, 보수적인 당시의 시대적 흐름을 타파하며 개화를 위한 선구적 역할을 하기도 했다. 특히 일제 강점기의 근대적 기생들은 대부분 인생 자체가 극적인 내러티브를 담고 있을 뿐만 아니라 특유의 팜므 파탈의 이미지를 갖고 있어 다양한 시나리오로 재구성하기에도 유리하고, 다른 콘텐츠와의 상호 연관성에서도 이보다 뛰어난 대상이 없을 정도이다.

그러나 많은 '그럴 듯한' 이야기에도 불구하고 그 원형에 대한 연구가 빈약하여 여전히 소문의 수준에 머물고 있을 뿐이다. 기생은 우리의 근대화 역사에서 빠질 수 없는 집단이지만, 언제나 역사의 주변에만 맴돌았고, 한 번도 제대로 평가를 받지 못한 운명이었다. 그들의 삶과 역사를 복원하고 그들을 역사적 주체로 이해하는 일은 결핍되어 있던 대구 근대문화의 새로운 콘텐츠로서의 가능성을 제시해 주게 될 것이다. 뿐만 아니라 지금까지 개발된 콘텐츠의 의미를 풍부하게 하고 스토리 라인을 구축하는 데에도 핵심적인 역할을 하게 될 것이다.

(핵심용어: 대구, 근대화, 문화콘텐츠, 기생, 신여성)

1. 여는 글

지역발전에 있어 문화산업이 촉매제 역할을 수행할 것이라는 기대는 원 소스(One Source)의 원형자료를 기반으로 하는 문화콘텐츠의 가능성 때문일 것이다. 실제로 문화콘텐츠는 유형의 생산 기반시설이나 대형 자본을 필요로 하지 않는다. 그 대신 지역(장소)에 대한 마케팅 효과를 발휘하여 관광 및 연관 산업과 지역 이미지 창출에 주요한 역할을 해 낼 수 있다. 장소 마케팅(Place Marketing)이란 기존 지역 및 장소의 부정적인 이미지를 쇄신하고 매력적인 이미지를 창출하여 지역문화의 정체성 확보, 지역사회의 통합, 그리고 지역경제 활성화의 효

과까지 기대할 수 있는 일이다.1) 따라서 역사적 사실, 문화적인 전통과 관습, 문화유산, 전설이나 설화, 민속신앙, 전통축제, 민속놀이, 의식주와 관련된 다양한 요소들이 이제는 지역단위의 정체성을 표현해주는 중요한 기제로 간주되고 있다. 그런가 하면 때로는 각각의 사회집단이나 계층의 문화적 특성을 부각시켜 차별화의 기제로 사용되기도 한다.

그러나 이것이 '개발'의 단계에 이르면 문제는 복잡해진다. 기본적 문화 원형에 대한 인문학적 관점과 경제적 환산가치를 따져야 하는 산업적 관점은 차이가 있기 때문이다. 그럼에도 불구하고 지역문화 원형의 가치를 결정해 주는 것은 무엇보다도 지역이 갖는 문화적 의식과 역량이며, 이를 기반으로 해서 개발된 콘텐츠이다. 문화산업의 중요성이 제기된 이후 우리에게 익숙한 개념은 지역문화콘텐츠의 '개발'에 대한 것이었지 지역문화콘텐츠의 '원형 자료'에 대한 관심은 아니었다. 즉 어떻게 하면 전통적이면서 특이하고 가치 있는 문화적 요소를 찾아내어 잘 가꾸고 좋은 상품으로 만들어 낼 것인가 하는 것이었지, 문화 원형 자체가 지닌 의미나 가치 그리고 그것이 제시하는 역사적 맥락 등에 대한 연구는 아니었다는 것이다. 따라서 문화 원형에 해당하는 원 소스(One Source)를 기반으로 하는 스토리텔링은 빈약할 수밖에 없고, 배고픈 식객들은 자연히 설익은 파이 조각을 멀티유즈(multi-use)의 환상으로 만족해야만 했다.

대구의 경우 근대문화 관련 콘텐츠 개발은 다른 어느 지역보다 일찌감치 주목을 받았고, 실제로 상당한 성과를 올렸다. 특히 대구시 중구는 대구읍성 복원으로부터 골목 투어 개발, 그리고 민족 저항운동의 성지 발굴에 이르기까지 일련의 의미 있는 콘텐츠를 개발했고, 최근에는 대구근대역사관을 세우는 등 소중한 성과를 이루어냈다. 이를 통해 우리가 몰랐던 역사적 사실들이 수집·정리되어 알려지면서 시민들에게 흥미와 관심을 이끌어 내는데도 성공을 했다고 할 수 있다. 그러나 콘

---

1) 이무용. 2006. 『지역발전의 새로운 패러다임 장소 마케팅 전략』. 논형.

텐츠의 '개발'에 급급하다보니 원형 자료에 대한 연구가 소홀했고, 지금은 스토리텔링의 빈약으로 말미암아 콘텐츠의 완성도가 떨어진다는 우려를 낳고 있는 게 현실이다.

예컨대 대중 사회의 관심을 끄는 문화 코드 가운데 하나인 '기생'이라는 아이템이 좋은 예가 될 수 있다. 여러 문화원형 가운데서 기생은 콘텐츠의 대상으로 매우 매력적이다. 특유의 팜므 파탈의 이미지와 함께 이중적인 삶의 굴곡이 잘 드러나 있는 극적 대상이기 때문이다. 뿐만 아니라 다른 콘텐츠와의 상호 연관성에서도 이보다 뛰어난 대상이 없을 정도이다. 특히 일제 강점기의 근대적 기생, 즉 권번 기생들은 대부분 인생 자체가 극적인 내러티브를 담고 있어 다양한 시나리오로 재구성하기에 유리하다. 그러나 우리는 그저 전해 들었을 뿐, 확인할 수 없는 이야기가 전부이다. 많은 '그럴 듯한' 이야기에도 불구하고 그 원형에 대한 연구가 빈약하여 여전히 소문의 수준에 머물고 있을 뿐이다. 기생은 우리의 근대화 역사에서 빠질 수 없는 집단이지만, 언제나 역사의 주변에만 맴돌았고, 한 번도 제대로 평가를 받지 못한 운명이었던 것이다.

이것은 근대문화 관련 콘텐츠에서 전반적인 여성의 이야기가 결핍된 채로 남아 있는 것과 같은 맥락이다. 남성들이 아버지의 이름으로 써 내려간 '그의 이야기(history)'에는 여성들을 위한 자리는 없었다. 주류 역사학이 제도와 인물을 중심으로 역사를 기술하는 과정에서 여성은 잊혀진 존재였고 늘 주변화 되어왔다. 대부분의 역사 연구는 여성들이 자신들 앞에 놓인 근대적 삶 속에서 어떠한 방식으로 살아남았는지에 대해 언급하지 않았다. 여성들은 역사가 주로 다루는 공적(公的) 삶에서 배제되었기 때문이다. 인본주의 정신이 고취되고 문화적 표현의 영역이 증대된 르네상스 때조차도 오히려 여성을 가정에 밀폐시키고 행동반경을 위축시켜 여성혐오주의를 확대시킨 시기였다. 조안 켈리는 이에 대해 「여성에게도 르네상스가 있었는가?」라고 의문을 제기한 바 있다.2) 따라서 근대화 과정에 대한 이해는 억압받고 차별받던 여성들, 즉 이미 주변화 되어 있던 여성들 가운데서도 이중으로 타자화(他者化)된 기생들에게서부터 출발할 필요가 있는 것이다.

한국 사회의 근대성은 '전통' 혹은 '전근대'로부터의 단절이 아니라 공존이다. 따라서 일상에서 경험하게 되는 근대적 현상들, 즉 산업화, 도시화, 핵가족화, 공사 영역의 분리 및 새로운 형식의 시공간적 규범 등도 남성들보다는 여성들의 삶에 근본적인 변화를 가져왔다. 즉 여성들의 삶이 남성들보다 상대적으로 근대성의 경험에 더 크게 노출되어 있었다고 할 수 있다.3) 이러한 과정에서도 기생들은 밀려오는 근대화의 홍수 속에 그저 자신을 내 맡겨 놓기만 하지 않았다. 오히려 근대문화로 통칭되는 서구적 신문물을 주체적이고 적극적으로 수용하고, 나아가 보수적인 당시의 시대적 흐름을 타파하며 개화를 위한 선구적 역할을 했다.

그러나 기생의 이미지는 조선의 남성적 '전통'과 새로이 찾아 온 '근대'에 의해 왜곡된 채로 우리에게 강요되었고, 더 나아가 일본의 식민지를 거치면서 성적인 소비의 대상으로까지 전락해버리고 말았다. 따라서 현대 한국 사회에서 기생이란 존재는 이미 소멸된 전시대의 유물로서 인식되고 있다.4) 지금까지의 학계에서 생산된 기생에 관련된 연구 결과들이 그것을 대변해주고 있다. 예를 들면, 첫째는 식민주의와 관련한 기생들의 몰락과정에 집중되어 있다는 것이고, 둘째는 예술사(음악, 무용)적 전승의 시각에서 예기(藝妓)들의 역할에 주목한 것이며, 셋째는 식민지 시기 공창(公娼)제도와의 관련 속에서 기생을 바라보는 사회역사적 접근이 주축이 되어 왔다는 사실이다.5)

물론 기생을 둘러싼 풍속과 표상에 관한 문화사적 비평이 없는 것은 아니지만6) 특히 대구라는 지역적 공간과 근대라는 시간의 흐름 속에

---

2) Joan Kelly-Gadol. 1977. Did women have a renaissance? Houghton Miffin. Boston.
3) Rita Felski. 1995. The Gender of modernity. 『근대성의 젠더』, 김영찬 심진경. 자음과 모음. 50쪽.
4) 정혜영. 2007. 근대의 성립과 기생의 몰락: 근대문학에 나타난 기생의 이미지를 중심으로. 『한중인문학연구』 20집. 235-256쪽.
5) 신현규. 2010. 『기생, 조선을 사로잡다』. 어문학사.

서 기생들이 감당했던 근대문화의 담지자로서의 역할에 대해서는 아직 다루어진 적이 없다. 대구는, 오랜 기생문화의 전통에도 불구하고, 서울이나 진주, 평양 등지에 비해 상대적으로 소홀히 다루어져 왔다. 그러나 다행스럽게도, 아주 드물게, 추적할 수 있는 언론 자료들과, 구전으로 전해지는 이야기, 그리고 달성권번의 마지막 증언을 들려 줄 수 있는 한두 명의 인물들도 아직은 생존해 있다. 본격적인 연구에 한계가 없지 않으나, 그것이 바로 지금 연구를 서둘러야 할 이유이다. 공식적인 기록 이면에 있던 대구 기생들의 삶과 역사를 복원하고 그들을 역사적 주체로 이해하는 일은 결핍되어 있던 대구 근대문화의 새로운 콘텐츠로서의 가능성을 제시해 주게 될 것이다. 뿐만 아니라 지금까지 개발된 대구 근대문화 콘텐츠를 의미화 하고 스토리 라인을 구축하는 데에도 핵심적인 역할도 하게 될 것이다.

2. 대구 기생의 내력

1768년 경상감영 교방에는 31명의 관기, 대구부 교방엔 41명의 관기가 예속돼 있었다.[7] (김택규 박대현, 1997: 87, 98) 1888년에는 관하방(觀下房), 곧 교방(敎坊) 영영교청(嶺營敎廳)에 기생 21명과 취고수청(吹鼓手廳)데 취고수 20명이 있었다. 그리고 대구부 소속의 교방에는 기생 17명이 있었다.[8] 그러나 1895년 감영제(監營制)가 사라짐으로써 관기를 관할하던 교방(敎坊)도 앞날이 불투명했다. 관기 제도가 없어지게 되면 그들은 자신들의 공식적인 활동무대가 송두리째 없어지게 되는 셈이었다. 실제로 서울에서는 1905년부터 궁내부 제도를 개혁, 관기들이 꾸려왔던 여악(女樂)도 없애버린다. 이때부터 궁궐 내

---

6) 권행가. 2001. 「한국 근대미술과 시각문화 담론: 일제시대 우편엽서에 나타난 기생 이미지」. 『미술사논단』.
　이경민. 2004. 『기생은 어떻게 만들어졌는가?』. 사진아카이브연구소. 등.
7) 김택규·박대현 (편역). 1977. 『大丘邑誌』 대구광역시. 87, 98쪽.
8) 대구향토문화연구소. 1996. 『慶尙監司: 到任巡歷行次의 復元假裝』. 대구광역시. 44-45쪽.

풍악 소리 도 끊기게 된다. 몰락의 길이 시작된 것이다. 더욱 관기들을 분노케 한 것은 1906년부터 시작된 매춘부에 대한 성병검사였다. 서울에서는 1908년 경성유녀(游女)조합, 1909년 한성창기(娼妓)조합이 설립되고 때를 같이 해 일제도 기생·창기 단속령을 발동한다.9)

대구의 경우에도 이미 1906년부터 대구거류민단에서 공식적으로 논의가 되기 시작하더니 드디어 1909년 1월 예기(藝妓) 단속규칙에 따라 현재 도원동, 속칭 자갈마당 자리에 대구 유곽지를 조성했다.10) 거기에는 기생을 천시하고 성의 노리개로 삼고자 하는 의도가 숨겨져 있었음은 말할 나위도 없다. 당시 대구의 예기(藝妓)는 갑종(甲種)과 을종(乙種)으로 구분되었는데, 을종 예기는 일정한 구역 내에서 영업을 하도록 허가했다. 따라서 을종 예기는 1909년 10월 1일부터 유곽지역 내에 들어가 있지 않으면 안 되게 되어 있었으나, 영업자는 이를 매우 성가시게 여기고 아무도 유곽지 영업을 신청하지 않았다.11) 결국 그들은 대구성내(大邱城內) 여러 주점 같은 곳에서 활동했음을 짐작할 수 있다.

관기제도의 붕괴, 이것은 한국 기생문화의 엄청난 변혁을 예고한다. 일패(一牌), 이패(二牌), 삼패(三牌)로 엄격하게 구분됐던 기생들 간의 상하 신분구분12)도 비로소 깨지게 된다. 예전에는 일패 앞에서 얼굴도 똑바로 쳐들지 못하던 일부 이패 삼패 기생들이 마치 자신들도 관기 출신인 듯 행세했고, 관기와 비관기 간에 상당한 알력이 생기게 된 것이다. 한때 '정종 3품급'으로 예우 받던 일패 기생들의 설자리는 갈수록 좁아 졌다. 기생조합은 이런 시대적 배경을 안고 탄생하게 된 것이다. 대구기생조합은 1910년 5월 즈음에 관기 정염이 설립했다.13) 때를 맞추어 경성의 기생조합은 일제에 의해 1914년에 일본식 명칭인

---

9) 신현규. 2005. 『기생, 조선을 사로잡다』. 어문학사. 48쪽.
10) 河井朝雄. 1930. 『大邱物語』. 손필헌 역. 대구중구문화원. 128, 227쪽.
11) 같은 책. 244쪽.
12) 李能和. 1927. 朝鮮解語花史. 『조선해어화사』. 이재곤. 동문선. 1992. 442-443쪽.
13) 『대한매일신보』. 1910. 5. 10.

권번(券番)으로 이름이 바뀐다. 권번은 관기들과 매춘을 전업으로 하는 유곽의 창기(娼妓)들을 동일시하려는 일본의 음모였던 것이다.

그러나 권번의 리더가 된 관기들은 살아남기 위한 방책으로 자신들만의 운영체계를 갖춘다. 한성조합은 남편이 있는 기생(有夫妓)들의 모임이었고, 처녀 기생(無夫妓)들은 다동조합(훗날 대정권번이 된다)을 만들어 자신의 발언권을 키운다. 일부 경상감영 출신의 관기들도 제도의 붕괴를 견디지 못하고 고향을 떠나 경성으로 올라갔다. 그리고 전라도 출신 기생들과 만나서 한남권번을 결성했다. 관기제도의 붕괴로 말미암은 혼돈을 그냥 앉아서 당하고만 있지 아니하고 나름대로 탈출구를 찾았던 것이다. 물론 이들 가운데는 구한말 왕궁 소속의 경상도 출신 향기(鄕妓)의 후예들이 조선 왕조가 멸망한 후에 귀향하지 않고 경성에 정착한 이들도 있었을 것이다. 1918년의 통계자료에 따르면 당시 전국 16개 권번에 소속된 기생은 모두 588명이었다.14) 가장 많은 기생을 확보하고 있는 곳은 한성권번으로 175명이었고, 한남권번은 75명이었다. 아직 권번으로 바뀌지 않았던 대구기생조합은 32명이었다. 경성을 제외한 지역의 기생조직으로서는 33명의 수원 다음으로 큰 조직이었음을 알 수 있다.15)

대구기생조합이 대구권번으로 개칭한 것은 늦어도 1920년대 초였을 것으로 짐작된다. 그리고 1927년 1월 6일 대구부 상서정 20번지에 자리를 잡고 대구권번의 전통을 이어받은 달성권번이 생긴다. 염농산(籠山)이 기생의 화대취입지불 금융회사로 세운 자본금 1,2000원의 합작회사이다.16) 현재 만경관 근처인 상서동에 자리한 달성권번에 이어 교동시장 안에 생겨난 대동권번(大同券番)은 1942년 권번제도가 공식적으로 폐지될 때까지 향토를 대표하는 권번으로 한 시대를 풍미하게 된다.17) 물론 이 대동권번은 서울에서 1920년에 생겨 1924년 대정권

---

14) 朝鮮硏究會(靑柳綱太郞) 1918.『조선미인도감(朝鮮美人寶鑑)』. 민속원 (영인본).
15) 손태룡. 2006. 『음악이란 무엇인가』. 영남대학교출판부. 483쪽.
16) 『조선은행회사조합록』. 1939.
17) 손태룡. 2006. 『음악이란 무엇인가』. 영남대학교출판부. 479쪽.

번으로 흡수되어 폐업했던 대동권번과는 다른 것이다. 1928년 10월 14일은 중외일보가 「대구 달성권번 분규, 기생화대를 지불 안 해, 경찰도 극비리 조사」, 그리고 조선중앙일보에 「대구의 화류계, 화대만 13만원」이라는 제목으로 실린 기사를 통해 실제 달성권번의 조직이 상당히 활발했음을 짐작할 수 있다.

> 악착한 운명에 쪼기여 밤을 낮으로 삼고 마음에 업는 우슴과 노래 그리고 춤을 파라 생명을 이어가는 그 여자들이 사회에 잇서서 그들의 존재가 역시 필요한 모양이다. 이들 사회를 차저 허터진 돈(花代)이 대구부에서 13만원(작년 1년간)이나 된다. 이 중에 대구 달성권번 예기 1백 5명에게 분배된 돈이 7만 8백 17원 50전이오 그 나머지는 일본내지 예기들에게 뿌려진 것이니 이 수자에 나타난 호경기는 큰 각도로 기세를 올리는 채광열(採鑛熱) 토지갑 등귀와 인푸레 경기 등의 여파라 하겠다.18)

이처럼 국사편찬위원회에서 제공하는 한국사데이터베이스19)에는 무려 30여 개의 대구권번 관련 기사들이 실려 있을 정도이다.20) 그들은 결코 가만히 앉아서 몰락을 기다리지 않았던 것이다. 그러나 이처럼 겉으로 드러나는 기생의 표상과 겹쳐 숨겨져 있는 '근대화의 담지자'로서의 모습에 주목할 필요가 있다. 그들은 자의식(自意識)을 깨우치고 자기표현을 적극적으로 행하며 사회참여와 진출을 통해 개인과 사회의 개혁을 시도했기 때문이다. 그것은 대략 다음과 같은 다섯 가지 다른 양상으로 분류해 볼 수 있을 것이다.

---

18) 『조선중앙일보』, 1935. 2. 1.
19) http://db.history.go.kr
20) 기사의 빈도나 내용에 대한 자세한 분석이 필요하겠으나, 당시의 사회적 배경에서 한갓 권번의 이야기가 신문기사의 형태로 주목을 받았다는 사실만으로도 그 존재의 힘이 느껴지는 부분이다.

첫째, 여성해방과 남녀평등의 가치 실현
둘째, 교육사업을 통한 계몽의 가치실현
셋째, 사회참여를 통한 개혁의 가치 실현
넷째, 자유연애를 통한 개인의 가치 실현
다섯째, 예능적 성취를 통한 주체적 자아 가치의 실현

서로 겹치는 부분이 없지 않지만, 그들이 추구했던 이러한 가치들은 다름 아닌 근대적 가치의 영역임에 틀림없다. 따라서 우리는 이러한 근대의 시대정신이 기생들에 의해 어떻게 구현되었는지 하나씩 살펴볼 필요가 있다. 이 글에서는 우선 앞의 세 가지 항목, 즉 남녀평등, 계몽, 개혁의 가치 실현에 대한 논의로 그 범위를 제한하고, 나머지 두 분야에 대해서는 따론 논하기로 한다.

3. 근대화의 담지자로서의 기생

1) 여성해방과 남녀평등의 가치 실현: 앵무 염농산의 경우

1907년 서상돈이 주도한 국채보상운동이 시작되었을 때였다. 모금운동이 전개되자 기생 앵무는 가장 먼저 100원을 기부하면서 "금번 의금에 힘에 따라 내는 것이 국민의 의미이거늘 여자로서 감히 남자보다 한품이라도 더 낼 수가 없으니 누구든지 1천원을 출연하면 죽기를 무릅쓰고 따라한다"고 하였고, 이에 감동한 서상돈, 김병순, 정재학 등이 각기 기 만원씩 출연하기로 결의하였다.[21] 실제로 이 사건은 유생층, 상인층이 주도하여 일어난 국채보상운동을 삽시간에 부녀자와 하층민중 사이에 확산시킨 촉매제가 되었다. 뿐만 아니라 단순한 남자

---

21) 『황성신문』. 1907 .3. 26. 『대한매일신보』. 1907. 3. 28.

들의 단연운동을 넘어 가락지나 비녀 등의 패물을 기부하고, 먹을 것을 줄이는 등 실질적인 나눔의 정신이 민중들 사이에서 실현되자 그 열기가 오히려 지식층과 자산가를 자극하여 운동을 확산시키는 계기가 되었다.22)

기생 앵무의 기부 행위는 1907년 2월 21일 대구 북후정에서 열린 국민대회였을 가능성이 많다. 이 국민대회에는 적지 않은 부녀들이 참여하고 있었으며, 참 여인들은 너나없이 눈물을 뿌리며 담뱃대를 꺾어 버렸다는 기록이 있고,23) 동참한 부녀자들 가운데는 '酒婆'가 있었다는 기록24)도 있기 때문이다. 소문은 빠르게 퍼졌고, 이에 자극을 받은 대구 남일동의 부인들은 이틀 후인 2월 23일에 여성들의 참여를 호소하는 「경고아부인동포라」는 제목의 격문을 발표하였다. 여기에는 여성의 근대의식이 확연히 드러나고 있어 주목하지 않을 수 없다.25)

> 우리가 함기 여자 몸으로 규문에 처하와 삼종지의에 간섭할 사 무기 없사오나 나라 위하난 마음과 백성된 도리에나 엇지 남녀가 다르리요. 들사오니 국채를 갚으랴고 이천만 동포들이 석달간 연초를 아니 먹고 대전을 구취헌다 하오니 족히 사람으로 흥감케 할지요. 전정에 아름다움이라. 그러하오나 부인은 勿論헌다니 대저 여자는 나라 백성이 아니며 화육중 일물이 아니오. 본인 등은 여자의 소처로 일신소존이 다만 패물 등속이라. 태산이 흙덩이를 사양치 아니하고 하해가 가는 물을 가리지 아니하기를 적음으로 큰 것을 도우나니 유지하신 부인동포들은 다소를 불구하고 혈심 의연하와 국채를 청장하심이 천만 행심 어투가 매섭고 사뭇 엄중하다. 여자가 남자 하는 일에 간섭할 것은 아니나,

---

22) 박용옥. 1993. 「국채보상운동의 발단배경과 여성참여」. 『일본경제침략과 국채보상운동』.
23) 『대한매일신보』. 1907. 3. 9.
24) 『慶尙南北道來去案』. 1907. 2. 24.
25) 『대한매일신보』. 1907. 3. 8.

나라와 백성을 위하는 일에 남녀의 차별이 있을 수 없는 것인데 어째서 남자들의 참여 방법만 제시하고 여자의 참여에 대해서 논하지 않았는가. 여자는 국민이 아니며 임금의 자녀가 아니란 말인가. 그러므로 우리 여성은 자발적으로 패물을 빼어서 국채보상에 참여하겠다는 뜻이다.

실제로 대구의 국채보상사무총회소의 의연금 참여 인원은 134명 가운데 여성이 27명이었고, 패물 의연자는 12명이었다.[26] 대구단연상채회사무소를 통해 대한매일신보에 도착된 부인 의연자 수는 무려 227명으로 진주애국부인회에 이어 전국에서 두 번째로 많은 수이다.[27]

이처럼 여성들이 조직을 통하여 국채보상운동에 참여한 것은 근대여성사에서 볼 때 중요한 의미를 지닌다. 외침 등의 국난에 처했을 때 전투를 돕기 위해 행주치마에 돌을 나르고 군사들을 위해 밥을 해 날라 주는 등의 집단적 행동이 없었던 것은 아니나 그것은 남성에 대한 보조적인 역할에 지나지 않았다. 여성이 국민된 권리와 의무를 내세우면서 독립된 참여와 활동을 한 것은 국채보상운동에서 처음 있었던 일이다. 이는 남성 독점의 영역이었던 정치사에 여성이 자발적으로 했다는 점과 여성 스스로가 남녀동권을 주장했다는 점에서 획기적인 의미를 갖는다고 할 수 있다.[28]

앵무가 의연금을 출연한 이후 대구 권번의 기생 14명도 적게는 50전에서 많게는 10원까지 집단적으로 모금에 참여했다. 뿐만 아니라 평양의 주희(酒姬) 31명은 "우리가 비록 천업을 하고 있지만 백성된 의무에 신분고하가 다를 수없다"며 성금 32원을 바쳤으며, 또 다른 평양 기생 18명도 50전씩 마련했다. 이는 기생들이 동참, 나라 살리기를 통해 평등시민사상까지 높여 나갔음을 보여주는 것이고, 이런 경험이 남

---

[26] 『대한매일신보』. 1907. 3. 12.
[27] 같은 신문 5.14. 5.16. 5.17.
[28] 박용옥. 1993. 「국채보상운동의 발단배경과 여성참여」. 『일본경제침략과 국채보상운동』. 187쪽.

녀차별, 신분차별철폐를 위한 자유여성운동의 밑거름이 되었을 것으로 짐작할 수 있다. 서울의 대안동국채보상부인회를 비롯하여 부산, 진주, 창원, 그리고 황해, 평안, 함경지역에 이르기까지 여성들의 참여는 실로 거국적이었다. 대한매일신보, 황성신문, 제국신문 및 만세신보의 4개 신문에 게재된 국채보상 의연자 명단 중에서 여성 의연자는 모두 1,821명이었다. 그 중 양반 및 유지 부인층이 전체의 63%이고 기생 및 주희(酒姬) 등이 무려 21.8%에 달했다.29) 기생 앵무가 이러한 일에 앞장 설 수 있었다는 것은 그녀의 재력도 상당했을 것이며, 사회적인 영향력 또한 적지 않았음을 암시한다. 그러나 무엇보다도 앵무가 가졌던 여성으로서의 근대적 각성을 주목하지 않을 수 없다. 바로 한해 전인 1906년 10월부터 시작된 대구읍성의 철거와 더불어 논의되기 시작한 유곽 설치 관련 논의는 충분한 동기부여가 되었을 것이다.

이 사건이 있은 지 10년 후, 염농산(廉瀧山)이라는 이름의 여인이 1919년 5월에 성주군 용암면에 나타난다. 경북 성주군 용암면 면사무소 맞은편의 용암파출소 옆에는 「염농산 제언 공덕비(廉瀧山 堤堰 功德碑)」라는 제목의 비석이 그것이다.

> 돌이 쇠뇌에서 힘을 쓰니 개울물 불어 낙동수가 되고 고향마을 일부러 더듬어보니 논밭의 두렁들이 예처럼 되었네. 물고기들의 묵은 늪에서 오곡이 용처럼 하늘로 치솟네. 나라의 정책이 백성에 있으니 아울러 입었도다. 그 공덕을 모두가 믿지를 못한다면 이를 보라. 숲진 농산의 방천을 여러 사람 한 삼태기씩 흙으로 산을 쌓았으니 모두가 가히 잊으리로다.30)

---

29) 같은 글. 185쪽.
30) 감역 김용운 최재한 기미 5월 5일. 이는 『성주군지』(星州郡誌 1996)에 실린 번역문이며, 같은 책에 실린 원문은 다음과 같다. 石强扲弩 溪間爲東 里落故按 阡陌仍成 魚龍古窟 禾稼登場 // 國計民有 幷被其功 汝不吾信 視此林瀧 十簣山積 俾也可忘 // 監役 金容雲 崔在翰 己未 五月 五日

『성주군지』(1996)에 의하면, 실제로 성주에는 해마다 큰 물난리가 나서 마을이 피폐했다는 기록이 여러 번 나와 있다. 이를 보다 못한 염농산이 나서서 속칭 두리 방천을 쌓았다는 것이고, 이를 감사히 여긴 마을 사람들이 염농산 공덕비를 세운 것이다. 그녀는 1889에 태어나 1946년까지 57세의 삶을 살았고, 공덕비가 세워진 것은 1919년 5월이다. 따라서 물난리는 그 전해 여름에 있었을 것으로 짐작이 되고, 당시는 스물아홉 살 나이였을 것이다. 그런데 사람들은 이 비석을 "앵무빗돌"이라고 했다. 심지어 두리 방천은 요즘도 "앵무들"이라고 부른다. 그렇다면 염농산과 앵무는 무슨 관계일까? 제보자에 의하면 염농산과 앵무가 동일 인물이며, 앵무라는 이름으로 더 유명했다고 한다. 그리고 그 앵무는 대구의 유명한 기생이었다고 했다.31) 앵무(鸚鵡)와 농산(隴山)이 같은 인물임을 암시하는 또 다른 근거는 「앵무주」(鸚鵡洲)라는 이태백의 시다.32) 앵무새가 날아 서쪽으로 간 곳이 바로 농산으로(鸚鵡西飛隴山去), 농산(隴山)은 중국 섬서성(陝西省)에 있는 산 이름으로 앵무와 농산은 같은 의미로 쓰였을 가능성이 있기 때문이다. 그러나 이능화가 소개하는 세 가지 앵무에 관한 에피소드는 200년 전 경상감사 이천보(李天輔, 1698-1761)와의 사랑과 이별을 다룬, 시대가 다른 인물이므로33) 논외로 해야 할 것이다.

염농산에 대한 또 다른 자료는 "고조되는 교육열"이라는 제목의

---

31) 이 내용은 2011년 3월 21일 경북 성주군 용암면 대봉리 747에 사는 제보자 이현수(1919년생)옹과의 인터뷰를 통해 확인할 수 있었다. 제보자는 오늘 현재 92세이며, 어릴 때 두리방천과 관련하여 앵무 기생에 대한 이야기를 자세히 기억하고 있었다. 또 다른 제보자인 홍영기는 아버지로부터 마을 마당에서 앵무 기생이 학춤을 추는 것을 보았다는 이야기를 들었다고 했다. 또한 그녀에게는 염익수라는 이름의 동생이 있었음도 밝혔다.

32) 鸚鵡來過吳江水/ 江上洲傳鸚鵡名/ 鸚鵡西飛隴山去/ 芳洲之樹何青青 // 煙開蘭葉香風暖 /岸夾桃花錦浪生/遷客此時徒極目/ 長洲孤月向誰明 앵무새가 오강에 날아와/ 강 모래섬이 앵무주라는 이름을 전하게 되었다네/ 앵무새는 서쪽으로 날아 농산으로 가버렸는데/ 향기로운 모래섬의 나무는 어찌 그리 푸르른고.// 안개 걷힌 난초 잎에 향기로운 바람 따뜻하고/ 강 언덕 복숭아꽃에 비단물결 일렁인다./ 폄천된 나그네 부질없이 먼 곳만 바라보는데/ 긴 섬 외로운 달은 누구를 향하여 비추는가.

33) 이능화. 1992. 『朝鮮解語花史』. 394-398쪽.

1938년 5월 24일자 동아일보 기사이다.

교남학교의 기초가 아직도 서지 못하엿다는 것은 00 잇는 대구라고 하면서 너무나 큰 수치인 것이다. 동교가 한 번 00러진 때부터 이래 수년동안 0자의 이러한 부르지즘이 기000대로 여간 간절함이 아니엇으나 그를 0할 층에서는 아모런 000이 잇다는 것을 (물론 일부 독지가의 다액의 자진 의연이 잇었지마는) 듣지 못한 것은 실로 한심하게 아는 바이다. 더구나 약한 여자의 어렵게 모은 재산, 그나마 크게 넉넉하지도 못한 가운데서 이 학교를 살리기에 각근한 정성을 다하야 서슴지 안코 내어노은 염농산여사가 던저진 경종을 울린지 1년이 다되어가는 오늘날 여기 조고만한 느낌의 표현을 보이지 안은데가 대구인 것이다. 한푼한푼에서 신고(辛苦)가 어리어0로써 모은 여자의 독지가로 고 정희원 여사를 필두하여 복명학교의 설립자인 김울산 여사, 그리고 이번의 염농산 여사, 이러케 대구의 사립 교육에 여자의 독지가는 뒤를 이어 나오는데 남자의 그것에는 기마키는 대조를 보이는 것이다. 염농산 여사는 금년 79세의 노령으로 어렵게 모은 얼마 못되는 재산을 가지고 가난한 일가 여섯집 살림을 데에 살기에 예사롭지안은 고심을 하야 겨우 지탕하여 가는 그 중에서 시가 2만원 어치의 부동산을 잘라 내기로 하엿다. 하여간 커지는 교남학교의 걱정에 다시금 염농산 여사의 열성이 연상되어 세상의 귀한 독지가의 출현을 기다리는 식자의 관심은 간절한 바 잇는 것이다."

이 기사에 따르면 염농산이 당시 79세의 노령이었으니, 그녀의 출생은 1859년생이 된다. 기사와 함께 실린 노인의 사진 자료 또한 그녀가 노령임을 확신케 해준다. 따라서, 1889년생이라고 했던 『성주군지』의 기록은 1859년생의 오류로 짐작이 된다. 그녀가 남긴 행적을 아래와 같이 정리해 보면, 1859년생임이 훨씬 개연성이 있어 보인다. 그러나 앵무 염농산의 생몰연도에 대해서는 앞으로 더 많은 논의가 필요한 부분이다. 뿐만 아니라 위의 기사에서 "남자의 그것에는 기마키는 대조를 보이는 것이다."라고 한 것에서는 여성에 대한 남성의 지배의식이 당시에 얼마나 팽배했는지를 스스로 진단하고 있음을 볼 수 있다. 그럼에도 불구하고 그녀는 당시의 여성으로서 극복하기 어려운 남녀평등의 가치 실현을 위해 적극적으로 나섰던 기생 출신의 대구 근대화의 담지자였음에 틀림없다.

<표 0> 앵무 염농산의 생몰과 활동시기

	생몰연도	국채보상운동 참여 1907년	두리방천 건립 1918년
성주군지 1996	1889-1946 57세	18세 추정	29세 추정
동아일보 1938.5.24	1859-1946 87세 추정	48세 추정	59세 추정

	달성권번 설립 1927년	교남학교 성금 1938년
성주군지 1996	38세 추정	49세 추정
동아일보 1938.5.24	68세 추정	79세

2) 교육 사업을 통한 계몽의 가치 실현: 김울산(金蔚山)의 경우

김울산(1858-1944)은 염농산(1859-1946)과 동연배로 같은 시대의 인물이다. 두 사람의 이름은 1938년 5월 24일자 동아일보 기사에 각각 복명학교와 교남학교에 거금을 기부한 사람으로 나란히 등장한다. 그녀의 출생에 대해 알려진 것은 그녀의 이름과 마찬가지로 경상남도 울산 출신이라는 것, 아버지 철보(哲甫)와 어머니 이봉순(李奉順)의 2자매 중 장녀라는 것, 대구사람과 결혼하여 일찍 과부가 되었다는 정도이다. 그녀는 16세 때 아버지를 여의고 집안의 가장역할을 하며 살았다고 한다. 언제 대구에 왔는지는 알 수 없으나 기구한 사연으로 관기(官妓)가 되었고, 정미소와 술집을 경영하면서 술장사로 많은 돈을 모았다는 것만 알려졌을 뿐이다.34)

그녀가 어떤 배경에서 살아왔는지에 대한 과정은 이처럼 짤막하게 알려졌으나, 1909년 순종이 대구를 방문하여 그녀에게 하사금을 전달한 이후 그녀의 모습은 육영사업가로 알려지기 시작한다. 어떤 연유로 순종이 그녀에게 이런 거금을 전했는지는 알 수는 없다. 아버지 김철보가 조선말기 통정대부였다는 사실과, 정미소와 술집을 경영하면서 재산을 모았으며, 흥선대원군과 가깝게 지내면서 하사받은 땅이 상당했다는 풍문도 있다. 그러나 그녀에게는 염농산의 경우에서 볼 수 없었던 '여사'(女史) 혹은 '부인'(夫人)이라는 칭호가 줄곧 따라다니고, 동시에 기생 출신이었다는 사실은 기록에서 사라진다.

그녀는 순도학교(順道學校)를 설립하였으며, 1910년에는 순종의 하사금과 지방유지의 기부금 및 자신의 재산으로 대구에 명신여학교(明信女學校)의 창립을 도왔다.35) 일본판 「경북대감」은 김울산을 "1915년에 일본 적십자사 특별사원이 되었고 1916년 2월에는 대구부가 도로

---

34) 한국학중앙연구원, 한국역대인물 종합정보시스템. (http://people.aks.ac.kr/front/tabCon/ppl/pplView.aks?pplId=PPL_7HIL_A1858_2_0002310)에 의하면 1874년, 즉 16세에 남편과 사별한 것으로 되어 있지만, <동아일보> 1925.11.28에 의하면, 19세에 과부가 된 것으로 보도하고 있다.
35) 『중외일보』. 1928. 4. 7.

를 닦을 때 많은 땅을 기부하는 등 사회사업과 봉사에 귀감이 될 인물"로 소개하고 있다.36) 이후 행적에 대해서도 동아일보에서 「金蔚山 女史의 特志, 大邱府私立喜瑗學校及 大邱消防組合에 寄附金 희사코 赤貧者에게 錢穀 捐出」이라는 제목으로 보도가 되는 등37) 육영사업가 김울산 여사의 선행과 기부행위에 대한 신문 보도는 꼬리를 문다. 실제로 그녀는 1925년에 운영난에 빠진 명신학교의 경영권을 인수하여 이듬해에 복명학교(復明學校)로 개칭, 건물을 신축한 뒤 재단법인을 설립했다. 시대일보는 이 기사와 함께 「필사적 노력하기로 결심(金蔚山女史 史談)」이라는 제목의 인터뷰 기사를 함께 싣고 있다.38)

> 나는 금년에 칠십 늙은이올시다. 이와 같이 늙은 사람이 그와 같이 중한 책임을 맡았으니 나의 한 힘으로는 부족할 점이 많이 있으니까 일반사회에서 도와주셔야 합니다. 나는 지식도 천박할 뿐 아니라 경험도 없는데 교주(校主)라는 이름도 매우 외람하게 생각합니다. 그러나 그것을 불구하고 천하고 박한 뜻이나마 필사적으로 힘닿는 대로 결심하고 학교를 위하여 희생하겠습니다. 금후 학교의 운명성쇠는 사회의 여러 선생의 많은 00에 있을 줄 알겠으며 0000해와 후원을 간절히 000니다.39)

여기서 그녀는 스스로를 "지식도 천박할 뿐 아니라 경험도 없는데 교주(校主)라는 이름도 매우 외람"되다며 겸손해하고 있다. 본인이 어떤 목적으로 이런 기부행위를 했는지에 대해서는 밝혀지지 않았으나, "나에게 무슨 장한 것이 있겠소. 하느님이 명령하신 바니 힘이 미치는 대

---

36) 『慶北大鑑』. 1936.
37) 『동아일보』. 1920. 7. 25.
38) 『시대일보』. 1925. 12. 22.
39) 필자가 옛 말투를 현대어로 고쳤다. 00는 기사 원본에서 알아 볼 수 없는 부분이다.

로 여생을 교육 사업에서 보낼까합니다"40)라는 고백을 통해 일찍 기독교에 입문하여 남보다 먼저 자아의식을 확립했음을 짐작할 수 있다. 이에 대한 당시 사회적 반향은 대중잡지 <별건곤>에 실린 「자랑과 허물」이라는 기사를 통해 읽어 낼 수 있다.41)

아미산(峨嵋山)이라면 성 밖이다. 옛날에 달밤에 소년들의 장치는 노름을 노인 네 분이 그 위에서 구경하던 자그마한 언덕이다. 그러나 성이 없어지고 오래된 오늘에 와서는 시가의 복판이라 할 만큼 남으로 많은 부락이 들어섰다. 그 언덕에 기와로 2층집이 힘차게 앉은 것이 사립 보명보통학교(復明普通學校)와 복명유치원(復明幼稚園)이다. 학교가 부족한 대구에서 여간 큰 공적을 끼치지 않는다. 교주(校主) 김울산은 노인이다. 검소하기 짝이 없다. 누가 보던지 남의 심부름하는 사람에 지나지 않는다 할 의복을 입고 다니는 부인이다. 10만원의 사재 전부를 아낌없이 내어놓고 육영사업에 한없는 재미를 붙여 이따금 학교에 나와서는 손자 나이된 학생들의 장난하는 것을 보고 저녁이면 기쁜 마음으로 집에 돌아간다고 한다. 본시 말하기 쉬운 것은 남의 말이라 세상 사람은 "자식이 없으니 그 나이에 그 재산 두었다가 가지고 갈 것인가 그런 일하기 잘 생각이지"라 하는 사람이 한 둘이 아니다. 그러나 이런 뜻을 먹으며 이런 일을 실행하는 이가 어디 쉬우랴. 더구나 젊어서부터 못 당할 곤욕을 당하여가며 한푼 두푼 모은 여자의 마음으로. 교주(校主) 김 부인(夫人)에게는 출가시킨 딸이 있다. 그리고 외손이 난지 오래라 한다. 재

---

40) 『동아일보』. 1925. 11. 28.
41) 1930. 33호.

산을 자기혈육에 전하려는 생각이 있으면 남녀에 그리 차별이 있으랴. 딸에게도 얼마든지 전할 수 있을 것이다. 그러함도 불구하고 전 재산을 사업을 위하여 제공한 그 자선심을 대구부민은 칭찬하여야 할 것이다. 600명 남녀재학생과 300名 졸업생과 한 가지.

김울산의 기부행위에 대한 시중의 평가가 그리 마뜩치 않았던 모양이다. 예컨대 돈 쓸데가 없는 노인이라는 둥, 후손이 없어 재산 물려줄 데가 없다는 둥, 기생이 술 팔아서 번 돈이라는 등의 의도적 폄하가 있었음을 짐작할 수 있다. 그러나 기사는 그녀를 '부인'이라고 칭하며 그녀의 검소함과, 그 돈이 젊어서부터 못 당할 곤욕을 당해가며 모은 것이라는 사실, 그리고 엄연히 자식이 있음에도 불구하고 상속을 하지 아니하고 사회 기부를 했다는 사실들을 강조하고 있다. 뿐만 아니라 '학교가 부족한 대구'임을 스스로 인정함으로써 근대가 요구하는 교육의 중요성을 언급하는 것도 잊지 않고 있다.

명신학교의 교명을 복명학교(復明學校)로 개칭한 것도 조국 광복의 염원을 담은 것이라고 한다. 이때 김울산은 자신의 이름도 복명(復明)으로 고쳤다. 그리고 일찍이 유치원교육의 중요성을 깨닫고 복명학교에 유치원 2개 반을 설립하여 '금강조'와 '백두조'라 이름 하였다.[42] 그 뒤 뜻을 같이하는 사람들과 대구 최초의 초등학교인 희도국민학교(熙道國民學校)를 세우고 1천원을 기부했으며, 대남학교(大南學校) 부속유치원을 비롯하여 여러 사회단체에 기부금을 희사하였다. 복명학교를 위해 그녀가 내놓은 재산은 총 8만원, 당시 쌀 한가마가 20원이었으니 무려 4천섬을 들인 셈이다.[43]

---

[42] 이런 이름을 붙이게 된 것은, 1932년 총독부교육공로 표창을 받는 등 일제와의 유착에 대한 의심에도 불구하고, 그녀의 민족의식의 각성의 결과이며, 광복을 염원을 담은 것이라는 해석할 수 있다.
http://www.womenshistory.re.kr:7070『한국여성사 지식정보시스템』.
[43] 『동아일보』. 1936. 4. 16.

당시 대구의 여성교육을 이끈 학교들이 대개 선교사가 세웠거나 일본들이 세운 것인데 비해 김울산 여사의 복명학교는 명실상부 대구여성들이 자력으로 세운, 교육에 있어서도 차별을 받았던 조선의 아이들을 위한 교육기관이라는데 의의가 있을 것이다.44) 일제초기 여성교육의 필요성은 "여자가 아내가 되어 가사를 맡고 어미가 되어 자식을 기르나니 어진 처가 없으면 그 가도(家道) 흥하지 못하고, 어진 어미가 있어야 그 자식이 어진 사람이 될지라"45)는 '현모양처론'의 수준에서 논의되는 정도였다. 현모양처의 양산을 부국강병의 도구로 인식하는 한계에 머물러 있었는데, 이처럼 민족의식의 각성과 더불어 교육을 근대의 동의어로 이해한 것은 획기적인 변화라고 할 수 있다. 복명학교는 1927년 8월에 남자부를 설치하여 복명보통학교로 개명되었고 해방을 맞을 때까지 모두 1천9백90명의 졸업생을 배출했다.

김울산은 해방 한해 전인 1944년 3월 13일에 87세로 일생을 마쳤다. 하지만 앵무 염농산 만큼 다양한 에피소드는 찾아보기 어렵다. 국사편찬위원회에서 제공하는 「한국사데이터베이스」에 무려 37여개의 기사가 실려 있는데, 일관되게 교육과 사회사업을 위한 기부행위에 대한 보도로 머물고 있다. 그러나 여기서 몇 가지 주의를 기우릴 필요가 있다. 당시의 언론은 김울산이 '여성'이라는 사실에 주목을 했던 것이다. 밑줄은 필자의 것이다.

> … 대구복명학교에 기본금으로 5천원을 기부하고 기타 적빈자에 다대한 전곡(錢穀)을 연출 구휼하얏음으로 <u>여자계 모범가로</u> 칭송이 자자하더라.46)
> … 동교는 김울산 녀사의 경영하는 바이요 현재 교주(校主)의 일흠을 가지고 잇다하며 조선인측 경영의 여

---

44) http://www.womenshistory.re.kr:7070/『한국여성사 지식정보시스템』.
45) 『산운』. 1908. 「여자 교육의 필요」. 『女子指南』1. 한국정신문화연구원. 125-126쪽.
46) 『동아일보』. 1920. 7. 25.

자보통학교는 이것이오 즉 하나일뿐 아니라 더구나 여
자의 경영임은 특이한 일이라…47)
… 여자의 단독 힘으로 이와가치 경영함은 아즉 조선
에서 처음되는 일이오 비단 조선에서 뿐 아니라 이런
갸륵한 일은 세계에 내노아도 큰 자랑거리오 모범이 되
리라고 밋슴니다. 48)

교육 사업에 전 재산을 기부한 주인공이 여성이었다는 사실을 강조
하면서도 타자화된 운명의 기생 출신이었음은 그 어느 곳에도 언급되
지 않고 있다. 정미소를 운영했다든지, 음식점을 운영했다는 식의 간
접 화법 만이 간간이 드러날 뿐이다.49) 근대의 남성 지배문화는 타자
화된 기생의 모습을 지우고자 했을 것이다. 그러나 분명한 것은 계몽
의 가치 실현을 위해 교육 사업에 헌신한 기생 출신 김울산은 대구 근
대화의 담지자였다는 사실이다.

3) 사회참여를 통한 개혁의 가치 실현: 금죽 정칠성의 경우

앵무(鸚鵡) 염농산(廉瀧山)과 복명(復明) 김울산(金蔚山) 보다 한 세
대 아래로 금죽(琴竹)이라는 기명(妓名)을 가진 정칠성(丁七星
1897-1958)이라는 기생이 있었다. 그녀 역시 앵무 만큼이나 자의식이
뚜렷한 여인이었다. 그녀는 나이 일곱에 기생학교에 들어갔다. 당시
기생들이 12-13세에 시작한다는 것을 고려하면, 그녀의 가정 형편이
어떠했는지 짐작할 수 있다. 그러니까 1904년부터 1915년까지 대구에
서 기생생활을 했으니, 앞서 말한 기생제도의 격동기와 국채보상운동
같은 사회변동을 몸으로 체험했던 것이다. 그녀는 18세에 대구에서 상

---

47) 『동아일보』. 1926. 4. 29.
48) 『동아일보』. 1926. 7. 18.
49) 『조선총독부시정 25주년기념 표창자명감』.

경하여 남도 출신 기생들이 모여 있던 '한남권번'에 등록했다.50)

기생으로서의 정금죽에 대한 기록은 그리 많지 않지만, 그녀의 존재는 단연 독보적이었다고 할 수 있다. 『개벽』에 실린 「경성의 화류계」라는 제목의 글에는 당시 기생들의 모습이 과거와는 달리 천박해져 간다는 우려와 함께 정금죽을 언급되고 있는 것으로 미루어 짐작할 수 있다.51) 필자가 옛 글을 현대어로 바꾸고 밑줄을 쳤다.

> (전략) 어제의 기생은 비록 천업을 할지라도 예의와 염치를 소중히 여기는데 오늘의 기생은 오로지 금전만 숭배한다. 금전만 준다면 예의도 염치도 다 버린다. 소위 노래는 팔아도 마음은 하지 않는다는 옛말까지 무색하게 되었다. 순전히 상품화하였다. 천박한 수심가 난봉가는 잘 할지언정 고상한 시나 시조가사는 별로 알지 못하고 장구와 꽹과리는 잘 만질지언정 거문고 가야금은 줄도 고를 줄 아는 자가 적다. 압록강부시 이소부시 등의 반벙어리 일본 노래는 들을 수 있어도 옛날 성천의 부용, 개성의 황진이, 평양의 노화와 같은 이의 시를 볼 수 없다. 강명화 이화련은 연애를 위하여 천대의 불귀혼이 되고 강향란 <u>정금죽은 일시적 호기심으로 단발미인의</u> 칭호를 얻었지만 국가를 위하고 민족을 위하여 몸을 희생했던 진주의 논개와 평양의 계월과 같은 여장부를 다시 볼 수 없다. 남원의 춘향, 춘천의 계심이 같은 정절도 볼 수 없다. 과거에 소위 기생재상(宰相)이라던 평은 변하여 기생비상(砒霜) 기생고생이 되게 되었다. 이것은 시대의 관계도 물론 있지만 어찌 기생의 타락이라 하지 않을 수 있겠는가.

---

50) 강만길·성대경. 1996. 『한국 사회주의 운동 인명사전』. 창작과 비평사. 442쪽.
51) 『개벽』 48. 1924. 6. 1.

뿐만 아니라 이서구와 복혜숙이 회고담 형식으로 진행하는 「長安 '才子佳人', 榮華와 興亡記」라는 제목의 좌담회에서도 정금죽이 등장한다.52) 그러나 여기서는 타락한 기생이 아니라 여성운동가로 변신한 정금죽을 기억하며 "여자가 더구나 기생이 노리개 같은 시절에서 뛰여나와 인형의 집을 나온 노라 같이 자각(自覺)하든 시절"이라고 묘사한다.

> 李瑞求: 白雲仙이를 지금도 이저버리지 못해서 中老들이 각금 舍廊에서 탄식하는 소리를 드렀어. 白雲仙의 뒤가 玄桂玉, 丁琴竹, 姜香蘭이겟지. 그대가 바로 大正 8년 前後지. 玄桂玉이는 玄이란 사내따라 上海로 다라나섯고 丁琴竹은 丁七星이로서 일홈을 고치고서 <u>女性運動者가 되엿고 姜香蘭도 姜石子라고 일홈을 고치고 삼단같은 머리를 잘나버리고서 朝鮮最初의 斷髮娘이 되어 女性運動에 뛰여들었지요.</u> 참으로 호화로운 시절이었지요.
> 卜惠淑 ─ 그러치요. 그 한철이 아마 가장 멋지고 여자의 人氣가 가장 끌던 때일걸. 말하자면 여자가 더구나 妓生이 노리개같은 시절에서 뛰여나와 人形의 집을 나온 노라 같이 自覺하든 시절이라 할걸요.

실제로 그녀는 22세가 되던 1919년에 3·1운동이 일어나자 '기름에 젖은 머리를 탁 비어 던지고 일약 민족주의자가 되었다'고 한다.53) 대단히 의지가 강하고 품은 꿈이 컸던 듯 일본 동경으로 건너가 동경영어강습소에서 영어공부를 한 것이 1922년 25살 때였다. 일본 유학을

---

52) 『삼천리』. 11.
53) 『한겨레』. 2002. 4. 15.

다녀오면서 그녀는 엄청난 사상적 변화를 겪는다. 사회주의 여성 운동 이념을 학습하고 사회주의 운동가로 다시 태어난 것이다. 그것은 그녀가 일찍이 사회생활을 시작하면서 현실 정세를 민감하게 읽을 수 있었기 때문이었다. 다음해 귀국하여 물산장려운동에 참여했고, 1월 이춘수(李春壽)와 '대구여자청년회'를 창립하여 집행위원이 되었다. 그리고 1924년에는 우리나라 최초의 사회주의 여성단체인 '조선여성동우회'의 집행위원이 되었다.54)

그때까지만 해도 그녀는 그저 좀 급진적인 기생으로 알려졌을 뿐이다. 그러나 1925년 3월에는 경북지역에서 일어난 사상단체 '사합동맹(四合同盟)'에 들었고, 같은 달 다시 동경으로 건너가 동경여자기예학교에 입학했으며, 도쿄에서 여자 유학생들이 결성한 사회주의사상 단체인 '삼월회(三月會)'에 들어갔다. 그리고 1927년에 창립된 신간회의 자매단체 '근우회'의 발기인으로 참여하기도 했다. '근우회'는 여성 항일 구국 운동과 여성 지위 향상을 위한 운동단체로 잘 알려져 있다. 이런 그녀를 사람들은 '사상기생'이라 불렀다.55) 이 시기에 사상기생들이 적지 않았지만, 그녀의 색깔은 독특했다. 단순히 남성들이 나서서 하는 독립운동을 돕기 위해 헌신적인 희생을 두려워하지 않는 감상주의자가 아니었다. 여성으로서 넘을 수 없는 한계를 안타까워하며 애끓는 마음을 글로 쏟아내던 낭만적 '문학기생'과도 달랐다.

그녀의 생각이 어떤 계기로 바뀌게 되었는지는 분명히 알 수는 없다. 그러나 어린 시절 이미 대구에서 겪게 된 기생제도의 변동으로 말미암은 신분의 변화, 국채보상운동과 같은 민족과 애국운동이 바탕이 되었을 것이며, 서울에 와서 경험했던 3.1운동은 그녀를 개혁운동으로 내 몰게 된 결정적인 계기가 되었을 것으로 짐작할 수 있다. 그런 의식의 깨우침과 실천이야말로 근대화의 또 다른 가치였을 것이다.

1926년, 그녀는 삼월회 간부의 자격으로 「신여성이란 무엇?」이라는

---

54) 강만길. 같은 책.
55) 박정애. 같은 글.

글을 발표하였는데, 강렬한 계급의식을 지닌 무산여성만이 모든 불합리한 환경을 개선해 나갈 수 있는 진정한 신여성이 될 수 있다는 내용이다.56) 1929년 9월 27일에는 근우회 중앙집행위원회 위원장으로서 내무성 앞으로 조선인 노동자 귀환에 관한 항의문을 보내기도 했다. 교육문제와 부녀자, 아동의 노동문제 등 사회 복지적 측면에서 선구적인 사상을 갖고 있었음을 확인할 수 있다. 특히 야간작업 금지와 시간외 작업 금지, 탁아제도 도입 등의 항목을 살펴보면 당시의 여성들이 얼마나 열악한 노동환경에서 신음하고 있었는지도 짐작할 수 있다. 특히 눈길을 끄는 것은 자본주의의 병폐에 대한 철저한 사회주의적 비판을 하고 있다는 사실과 민족 차별에 대한 시각이 날카롭다는 점이다.57)

이러한 그녀의 사회의식은 기생 사회로부터 반응이 나타나기 시작했다. 인권에 대해 눈을 뜨기 시작한 기생들의 파업이 시작된 것이다. 화대, 즉 임금 문제로 인한 권번 또는 주인과의 분규였던 셈이다. 1929년 서울의 요릿집 '한양관'에서 남선권번 기생 일동이 동맹파업을 하였다. 약 8년간 기생 출입을 한 당시의 화대가 제대로 지급되지 않았다는 것이다. 1931년 4월에는 함경북도 청진에서 창기들의 동맹파업이 일어났다. 포주의 강간, 사기, 불법감금, 구타를 견디다 못해 단발을 하고 단식에 들어간 창기 11명은 "우리는 절대 해방하지 않으면 죽음으로 대항 하겠다"고 절규했다. 대구 달성권번 기생도 화대 계산 문제로 1932년 1월 17일에 총회가 결렬되었다. 그러자 기생들 각자 자발적으로 휴업을 선언하고, 17일 밤부터 쟁의를 실행하였다. 권번 탈퇴와 기생 자치제 영업을 계획했던 것이다.58)

그러나 일제 탄압이 극심하여지는 30년대부터 모든 사회주의 운동권이 지하로 숨어들어 숨을 죽이게 되는데, 정칠성 또한 바짝 몸을 낮

---

56) 『조선일보』. 1926. 1. 4.
57) 『중외일보』. 1929. 9. 30.
58) 신현규. 2010. 『기생, 조선을 사로잡다』. 어문학사. 140쪽.

춘 것으로 보인다. 이 무렵 짧은 소감을 쓴 것이 『조선지광』 1931년 정월호에 실린 '연애의 고민상과 그 대책'이다.

> 연애로 인한 고민상은 혹은 각 나라의 특수한 사정과 각 시대의 변천을 따라서 그 정도와 건수의 차이점은 있다 할망정 영원히 없지 못할 난제라고 나는 봅니다. 왜 그러냐 하면 남녀가 대등한 지위에서 그들이 자유로 결합할 수 있는 시대라 할지라도 원시 난혼제를 실시하지 않는 한에는 이성과 이성이 접촉하지 않을 수 없는 것이니 따라서 연애의 고민은 의연히 있을 것이란 말이외다. 그러나 연애고민을 대량생산하여 인간에게 적지 않은 불행을 초래케 하는 것이 현대 자본주의사회라 할 것이외다. 그렇다는 이유는 여러 가지로 들 수 있으니 모든 것을 상품화하는 자본주의 사회에 있어서는 순결하고 진실하여야 할 애정 그것까지도 물질적 이해로 타산하지 않을 수 없게 되기 때문이외다. 따라서 그런 연애는 불미한 결과를 맺지 않을 수 없게 되는 것입니다. 속담에 연애에는 국경이 없다고 하지요마는 현대와 같은 계급 사회에 있어서는 연애에 있어서도 그것을 초월하게 되지 못합니다. 하기야 연애 자체의 원리원칙으로만 하면 동일한 인간인 이상 누구나 연애할 수 있어야 하겠지요. 그러나 현대와 여(如)한 과도기에 있어서는 피차간 진실한 연애는 될 수 없으리라고 생각됩니다. 더욱이 남존여비의 봉건사상과 경제적으로 남자에게 모든 권한이 있는 이상 연애에 있어서도 여자는 자연히 불평등한 지위에 서게 됩니다 …(중략)… 그중 큰 원인은 사회제도에 있다고 볼 것이니 연애의 고민을 해결하는 유일한 방법은 남녀 간 사회적 지위가 균등 되고

또한 전 인류가 보다 행복한 지상낙원 시대가 돌아오지 않으면 안 될 줄 압니다. 그러나 이것은 인류 진화의 구원한 장래에서나 바랄 것인즉 현하 정세 밑에서는 동지연애로서나 만족하라고 권하고 싶습니다. (하략)

남녀 간의 연애는 피할 수 없는 문제이긴 하지만, 그 문제를 확대시킨 것은 모든 것을 상품화시킨 자본주의 때문이라는 것이다. 이론적으로야 연애에 국경이 없어야 하고 계급도 없어야 하지만, 남녀평등이 이루어지지 않은 오늘의 현실에 진정한 남녀 간의 사랑은 불가능 한 일임을 지적하고 있다. 그러니 동지연애로 만족하라는 것이다. 참으로 사회주의 혁명가다운 생각이다. 실제로 정칠성이 관여한 단체들은 한결 같이 여성 해방과 무산계급 여성에 의한 새로운 사회 건설을 목표로 했다. 그녀에게 진정한 신여성은 "모든 불합리한 환경을 부인하는 강렬한 계급의식을 가진 무산 여성"이었으며, 여성 해방은 계급 해방을 통해서만 실현될 수 있다고 믿었다. 그녀는 일관되게 사회주의 사상을 기반으로, 여성운동가로 살았다.59) 남녀평등에 대한 그녀의 염원이 얼마나 강했는지는 '조선의 남편들이여, 여성 계몽에 힘쓰는가?'라는 제목으로 행한 인터뷰에서도 잘 드러나 있다.60)

> …그중에도 이중삼중으로 억눌리고 질식하는 여성들의 운명은 언제까지든지 기구만 하구려. 정치적 압력은 우리들의 직접적인 투쟁대상이니까 말할 것도 없지만은 더욱 절박한 고통을 주는 건 조선의 남편들이에요. 소위 민주진영의 일꾼들까지 가정 내의 민주주의는 영 모르고 안해를 계몽하지 않고 독서나 집회를 위해서 시간을 주지 않고 이러고는 여성운동이 활발하지 못한 것만

---

59) 『영남일보』, 2004. 9. 7.
60) 『독립신보』, 1946. 11. 14.

개탄하잖아요.

아무리 평등과 자유가 넘쳐나던 해방 직후라고 하더라도 기생 출신으로 여성운동 지도자가 되었다는 것은 놀라운 일이 아닐 수 없다. "봉건유제 타파하여 여남평등 이룩하자!"고 부르짖던 진보적 정당이라지만 그때는 여전히 기생을 가장 천한 계급의 하나로 여기던 시절이었다. 1945년 광복되던 해 그녀는 '조선공산당 경북도당 부녀부장' '조선부녀총동맹'의 중앙위원으로 활동했다. 그렇지만 반공을 국시로 내건 이승만 정권의 탄압으로 남한에서의 합법적인 활동이 불가능해지자, 남로당계 인사들과 함께 월북했다. 질기기만 한 전통이 발목을 잡고 있었던 때문에 양반 댁 부인네들이 근대세계의 현실에 몸을 던지지 못했다면,61) 정칠성과 같은 기생 출신에게는 어쩌면 훨씬 자유로운 사고와 행동을 할 수 있는 사회적 조건이 부여된 게 아니었나 싶다.

개혁의 가치를 실현하기 위해 적극적으로 사회 활동에 참여하고, 이념적 운동에 앞장섰으며, 남성적 지배세력으로 요약될 수 있는 기존의 부르조아 지주세력에 대해 계급혁명을 꿈꾸었던 그녀는 분명 기생 출신으로서 대구 근대화의 담지자였음에 틀림없다.

4. 닫는 글: 지역문화 콘텐츠로서의 가능성

한국 문화의 근대성은 다양한 측면에서 설명될 수 있다. 산업화, 도시화, 자본화 등 외형적 변화를 가져 온 측면이 있는가 하면, 평등, 자유, 민주 등 새로운 정신적 가치를 추구한 측면도 있다. 산업문화는 물질적 성장과 발전에 따른 대도시 밀집 주거문화로 나타났고 정신문화는 개화시대의 연장선상에서 계몽이 강화되고 자아의 정체성과 개

---

61) 김성동. 2010. 「조선부녀총동맹 부위원장 정칠성」. 『위클리경향』 812호.

성, 그리고 개인의 자유를 추구하는 방식으로 나타났다. 따라서 산업화와 계몽, 이 두 가지는 한국 근대화의 양대 산맥으로 지역문화에서도 내포개념이며 진행형 문화이다.

하위계급에 위치하면서도 문화적으로는 근대 형성의 선두 주체의 하나로 등장한 기생은 다양한 무대 위에서 다양한 얼굴의 정치를 구사했다. 감히 근접키 어려운 도도함, 의연함, 기예와 교양을 두루 겸비하고 있는가 하면, 교태 섞인 웃음, 음란하기 그지없는 욕망, 간사스러운 입놀림으로 우리를 현란케 한다. 어떤 젊은 시인의 애잔한 연인으로 등장하는가 하면 어느새 그녀들은 대중적 연인으로 둔갑하기도 하고, 가치관의 혼돈을 겪고 있는 시대적 상황에서 사회적 리더의 역할도 한다. 이렇듯 그녀들은 과도한 찬사와 가혹한 폄하 사이에서 아슬아슬한 곡예를 펼쳤다. 곡예를 타는 기생의 특별한 현실은 그녀들만의 고립된 풍속이 아니라 새로운 모험과 경험으로 밀쳐오는 근대 형성의 사회적 주름으로 보아야 할 것이다. 그녀들의 곡예는 남성 중심적, 가부장적 사회제도의 내적 갈등을 해소할 수 있는 도구였다. 사회적 타자(他者)라는 그녀들의 특수한 위치에서, 그리고 전혀 새롭게 모험해 보는 자신의 상품화를 무기로 하여 그것에 맞서거나 공모하여 주름을 펼쳐내고자 하는 욕망의 실현이라고 해야 할 것이다.

그러나 지금까지의 연구는 근대 기생의 역사를 지배담론의 구조 속에서, 여성의 성과 노동력을 포함한 여성의 몸이 어떻게 통제되고 이용되었는지를 읽어내는 것이었고, 권력과 제도 산물의 결과라는 입장이었다.[62] 이렇게만 볼 때 우리는 그녀들이 가졌던 근대 형성의 주체로서의 모습을 읽어 낼 수가 없다. 다시 말해 그녀들은 '통제되고 이용된' 수로의 물로 썩어버린 것이 아니라, 스스로 유출하고자 한 욕망의 펌프이기도 했다. 이것이 바로 우리가 기생을 근대화의 한 축으로 이해하고자 하는 이유이다. 그녀들의 생생한 흔적으로 이미지화된 당시의 사회적 콘텍스트는 근대문화 콘텐츠의 원형으로 삼기에 충분하고

---

[62] 박애경. 2001. 「기생-가부장제의 경계에 선 여성들」. 『여/성이론』. 4. 230쪽.

도 남음이 있기 때문이다.

그런 뜻에서 한국문화 콘텐츠진흥원에서 2003년에 개발한 "조선시대 기녀 문화 디지털 콘텐츠"는 매우 의미 있는 작업이라고 할 수 있다.63) 40여권의 문헌과 50여 곳의 유적지를 분석 복원한 것으로 문헌, 회화 등 각종 자료를 통해 역사 속 유명 기녀들의 외모 패션 스타일 성격 등을 디지털에 담은 것이다. 이 가운데 황진이, 매창, 논개, 홍랑, 경춘, 계월향 등 대표적인 기녀들은 아바타 캐릭터로 만들었고, 주요 기녀 관련 설화의 경우 시나리오화해 애니메이션과 동영상으로 제작했다. 특히 나라를 위해 목숨을 아끼지 않았던 진주 기생 논개의 충의, 그리운 이를 위해 천리 길을 마다 않고 달려왔던 남방의 호남 기생 강아의 사랑, 죽음으로 신의를 지킨 강원 영월 기생 경춘의 절개 등 각 기생이 가진 독특한 정신을 그와 관련된 내러티브와 함께 캐릭터 외형에 반영하는 데 초점을 맞췄다. 그리고 기생 및 기생의 생활 관련 역사와 제도, 유명 조합과 권번 등을 고증을 바탕으로 근대 기생의 문화와 예술에 대한 디지털콘텐츠도 소개가 되었다. 이 자료들은 영화 드라마 애니메이션 게임 등에서 살아 움직이는 기녀와 기녀문화를 재현하는 데 널리 활용되어 산업적 활용도가 높을 것으로 예상된다. 그러나 스토리텔링이라고 할 만한 콘텐츠는 매우 미약하다.

오히려 한양대학교 산학협력단과 한국콘텐츠 진흥원에서 개발한 '명월관'에는 24개의 스토리텔링이 소개되어 있다. 여기에는 여러 대구출신 기생들이 원형으로 활용되고 있다.64) 8번에는 강명화가, 10번에는 앵무와 비취가, 그리고 11번에는 정칠성이 등장한다. 그러나 이들의 무대가 대구 혹은 달성 권번에서 명월관으로 바뀌면서 대구라는 지역은 아무런 의미가 없게 되었다. 여전히 서울 중심의 지배담론이 크게 작용한 때문이라고도 할 수 있지만, 그들만의 탓은 아니다. 대구 지역은 근대문화콘텐츠를 구축하면서 문화원형으로서의 기생에 대해

---

63) http://ginyeo.culturecontent.com
64) http://brightmoon.culturecontent.com/

한 번도 관심을 기우린 적이 없기 때문이다.
 이들을 되찾아 오자는 뜻은 아니다. 또 그럴 필요도 없다. 그들은 대구의 사람들이었지만, 조선의 사람이었고, 나아가 근대라고 하는 당대를 살았던 한국 여성의 대표이기도 하기 때문이다. 대구가 할 일은 이들을 문화 원형으로 파악하고 보다 세심한 자료를 수집하여 스토리 라인을 구축하는 일이다. 예를 들면, 대구 도심 살리기와 관련한 다양한 근대문화 프로젝트 가운데 '국채보상운동'은 상당한 성과를 거두고 있다. 서상돈, 김광제 등 인물 원형, 국채보상 공원과 이상화 고택을 중심으로 한 공간 원형, 그리고 이 두 가지 원형을 바탕으로 구국정신과 민족 자립정신을 대구 시민정신으로 계승코자 하는 스토리텔링에 이르기까지 훌륭한 콘텐츠를 구축했다고 할 수 있다. 앵무 염농산이라는 캐릭터가 여기에 스토리 라인으로 보태질 수 있다면, 김울산은 소위 '교육의 도시' 대구에서 한 번도 거론되지 않았던 교육관련 스토리 라인에 포함될 수 있을 것이며, 정칠성은 일제시대부터 1946년 10월의 '대구 10.1사건' 때까지 좌익이념을 바탕으로 한 '사상기생'으로서 스토리 라인으로 보태질 수 있을 것이다. 그 때 콘텐츠는 훨씬 더 생명력을 얻게 될 것이고, 근대에 대한 다양한 역사 해석의 지평을 기대할 수 있을 것이다. 그 가능성을 도식화하면 다음과 같다.

<표 2> 대구근대문화콘텐츠의 가능성

아이템\구성	국채보상운동	교육의 도시	여성운동
'기생' 인물원형	앵무 염농산	김울산	금죽 정칠성
스토리 라인	김광제·서상돈 국채보상공원	대구복명학교 대구명신여학교	대구여자청년회 사합동맹(四合同盟)

식민지 시기의 근대성은 전통과 근대, 한국적인 것과 서구(일본)적인 것, 또는 자아정체성과 타자의식의 밀접한 상호작용을 통해 형성되었다. 근대성의 형성 과정에서 나타난 전통과 근대의 상호작용에 주목할 때, 신여성만큼 근대성에 대한 문제의식을 효과적으로 드러내는 존재도 없다. 신여성의 정의와 실체에 대해서는 다양한 논의가 있지만, 기생은 그들과 구별되면서도 같은 집단이었다. 신여성을 근대적 의식을 갖추었는지의 여부로 정의할 수 있다면, 그들은 '신여성적 기생'이라 할 수도 있을 것이다. 특히 1920년대에 두드러졌던 신여성에 대한 찬미는 근대에 대한 동경에서 비롯했다는 점에서 근대의 표상과 관련된 모든 것이 곧 신여성의 표지로 인식되었다고 볼 수 있다. 신여성적 기생은 근대성의 외피를 뒤집어쓰고 남성 중심성에 도전하였다. 그리고 이에 대해 주류 사회는 전통이라는 이데올로기로 거세게 대응하였다. 이러한 대립 관계를 읽어내는 일은 서구나 일본의 근대가 아닌, 어쩌면 서울의 근대도 아닌, 뿌리 깊은 유교전통으로 대표적인 보수 도시의 대명사가 된 '대구 지역'의 근대란 무엇인가라는 질문에 대한 해답을 제시해줄 것이다.
　식민성과 근대성의 복합적인 상황 속에서 자기의식을 획득한 조선의 신여성적 기생은 식민지 현실이 절망적일수록 서구(또는 일본)로 표상되는 타자에 대한 동경이 더욱 절박해진 것이다. 결국 여성으로서의 자기 정체성은 분열되었고 자기모순은 심화되었다. 그것은 팜므 파탈로서의 신여성적 기생으로 대표되는 식민지 시대 근대문화의 속성이기도 하다. 따라서 이들 기생 이야기의 재구성은 대구 지역의 풍부한 문화콘텐츠 구축을 위해 커다란 기여를 할 수 있을 것이다.

참고문헌

강만길·성대경. 1996. 『한국 사회주의 운동 인명사전』. 창작과 비평사. 442쪽.
권행가. 2001. 「한국 근대미술과 시각문화 담론: 일제시대 우편엽서에 나타난 기생 이미지」. 『미술사논단』 12.
김성동. 2009. 「조선부녀총동맹 부위원장 정칠성」. 『위클리 경향』 812.
김택규·박대현 편역. 1997. 『대구읍지(大丘邑誌)』. 대구광역시.
대구향토문화연구소. 1996. 『慶尙監司: 到任巡歷行次의 復元假裝』. 대구광역시.
리타 펠스키(Rita Felski). 1998. 『근대성의 젠더』. 김영찬·심진경 역. 자음과 모음.
박애경. 2001. 「기생-가부장제의 경계에 선 여성들」. 『여/성이론』 4.
박용옥. 1993. 「국채보상운동의 발단배경과 여성참여」. 『일본경제침략과 국채보상운동』. 한국민족운동사연구회.
박정애. 2002. 「3·1 독립운동 뛰어든 '사상기생' 사회주의 운동가로 활동」. 『한겨레』 4. 15.
이무용. 2006. 『지역발전의 새로운 패러다임 장소마케팅 전략』. 논형.
산운. 1908. 「여자 교육의 필요」. 『女子指南』 1. 한국정신문화연구원 (영인본).
손태룡. 2006. 『음악이란 무엇인가』. 영남대학교출판부.
신현규. 2010. 『기생, 조선을 사로잡다』. 어문학사.
이경민. 2002. 『기생은 어떻게 만들어졌는가?』. 사진아카이브연구소.
이능화. 1992. 『朝鮮解語花史』. 이재곤 역. 동문선.
정혜영. 2007. 「근대의 성립과 기생의 몰락: 근대문학에 나타난 기생의 이미지를 중심으로」. 『한중인문학연구』 20집.
카와이 아사오(河井朝雄). 1998. 『대구이야기(大邱物語)』. 대구중구문화원.
朝鮮硏究會(靑柳綱太郞). 1918. 『조선미인도감(朝鮮美人寶鑑)』. 민속원 (영인본).

『개벽』 48. 1924년 6월 1일.
『대한매일신보』. 1907년 3월 8일.
　　　　　　. 1907년 3월 9일.
　　　　　　. 1907년 3월 12일.
　　　　　　. 1907년 3월 29일.
　　　　　　. 1907년 5월 14일.
　　　　　　. 1907년 5월 16일.
　　　　　　. 1907년 5월 17일.
　　　　　　. 1910년 5월 10일.
『독립신보』. 1946년 11월 14일
『동아일보』. 1920년 7월 25일.
　　　　　. 1925년 11월 28일.
　　　　　. 1926년 4월 29일.
　　　　　. 1926년 7월 18일.
　　　　　. 1936년 4월 16일.
『시대일보』. 1925년 12월 22일.
『영남일보』. 2004년 9월 7일.
『조선일보』. 1926년 1월 4일.
『조선중앙일보』. 1935년 2월 1일.
『조선지광』. 1931. 정월호
『조선총독부시정 25주년기념 표창자 명감』
『중외일보』. 1928년 4월 7일.
　　　　　. 1929년 9월 30일
『황성신문』. 1907년 3월 26일

http://db.history.go.kr 『국사편찬위원회 한국사데이터베이스』
http://db.history.go.kr 『한국사데이터베이스』
http://people.aks.ac.kr/front/tabCon/ppl/pplView.aks?pplId=PPL_7H
　　IL_A1858_2_0002310 『한국역대인물 종합정보시스템』.
http://www.womenshistory.re.kr:7070 『한국여성사 지식정보시스템』.
http://ginyeo.culturecontent.com 『조선시대 기녀 문화 디지털 콘텐츠』.
http://brightmoon.culturecontent.com/ 『명월관』.